प्रकाश-वृत्ति

कोलाहल की कविताएँ

रज़ा फ़ाउण्डेशन | THE RAZA FOUNDATION

कोलाहल की कविताएँ

अम्बर पाण्डेय

वाणी प्रकाशन

प्रकाश-वृत्ति
रज़ा फ़ाउण्डेशन और वाणी प्रकाशन का सह-प्रकाशन

वाणी प्रकाशन
4695, 21-ए, दरियागंज, नयी दिल्ली 110 002
फ़ोन : +91 11 23273167 फ़ैक्स : +91 11 23275710

शाखाएँ
अशोक राजपथ, पटना 800 004, बिहार
कॉफ़ी हाउस कैम्पस, महात्मा गांधी मार्ग, इलाहाबाद 211 001, उत्तर प्रदेश
महात्मा गांधी अन्तरराष्ट्रीय हिन्दी विश्वविद्यालय, वर्धा 442 001, महाराष्ट्र

www.vaniprakashan.in
marketing@vaniprakashan.in
sales@vaniprakashan.in

KOLAHAL KI KAVITAYEN
by Ambar Pandey

ISBN : 978-93-88434-15-7
Poems

प्रथम संस्करण 2018

मूल्य : ₹ 250

आर. टेक ऑफ़सेट, दिल्ली-110 032 में मुद्रित

वाणी प्रकाशन का लोगो मक़बूल फ़िदा हुसेन की कूची से

मेरे माता-पिता
श्रीमती रंजना एवं श्री शिवदत्त पाण्डेय,
मेरी बहन डॉ. अवनि आचार्य,
मामी श्रीमती माधुरी आनन्द बिरथरे
और
भाई शशांक त्रिपाठी को समर्पित

आमुख : अशोक वाजपेयी

प्रकाश अत्यन्त प्रतिभाशाली कवि और आलोचक थे जिनका दुर्भाग्य से 2016 में दुखद देहावसान हो गया। वे एक भाषा-सजग शिल्प-निपुण कवि और सजग-सम्वेदनशील आलोचक थे। रज़ा फ़ाउण्डेशन ने उनकी स्मृति में 'प्रकाश-वृत्ति' स्थापित करने का निश्चय किया जिसके अन्तर्गत सुपात्र और सम्भावनाशील युवा कवियों और आलोचकों की पहली पुस्तकें प्रकाशित करने की योजना है।

यह पुस्तक इसी वृत्ति के अन्तर्गत प्रकाशित हो रही है और हमें विश्वास है अम्बर पाण्डेय के यहाँ जातीय स्मृति जिस तरह सक्रिय और पुनराविष्कृत है वह आज की युवा कविता में बहुत विरल है। यह कविता भाषा में नयी अन्तर्ध्वनियाँ विन्यस्त करती है। हमें यह संग्रह प्रस्तुत करते हुए प्रसन्नता है।

अनुक्रम

नान्दीकरों की कविता

उषा से दोपहर हो
आयी जो अब तक भूखे बैठे
हैं उन्हें भात मिले

मित्र से पराङ्मुख फाटक
लगाकर जो बैठे हैं
उन्हें बुला सकूँ—ऐसी
कविता

उस लड़की के लिए लिखूँ जिसके
भीतर निराकार चित्र बना
है। धो देती दिखता
तो परन्तु जब दिखता नहीं
सब समय अवलोकन
करने पर भी भीतर तब फिर भय
लगता है चित्र कहीं
खो न जाये।

नान्दी कहे

सरणि में ध्वनि,
नित नयी होती रहे

केश धोना (परिचय)

शिशिर दिवस केश धो रही थी वह, जब मैंने
उसे पहली बार देखा था भरे कूप पर।
आम पर बैठे शुक-सारिकाएँ मेघदूत
के छन्द रटते-रटते सूर के संयोगों
भरे पद गाने लगे अचानक। केश निचोड़
और बायें हाथ से थोड़े से ऊँचे कर
उसने देखा और फटी धोती के टुकड़े
से पोंछ जलफूल उठी नील लता-सी। चली।
दो चरण धीमे धरे ऐसे जैसे कोई
उलटता पलटता हो कमल के ढेर में दो
कमल। कमल, कमल, कमल थे खिल
रहे दसों दिसियों। कमल के भीतर भी कमल।

केश काढ़ना (झगड़ा)

श्यामा भूतनाथ की; केश काढ़ती रहती
हैं। नील नदियों से लम्बे-लम्बे केश
उलझ गये थे गयी रात्रि जब भूतनाथ ने
खोल उन्हें; खोंसी थीं आम्र-मंजरियाँ
काढ़ते-काढ़ते कहती हैं 'ठीक नहीं यों
पीठ पर बाल बिथोल-बिथोल फँसा-फँसा अपनी
कठोर अँगुलियाँ उलझा देना एक-एक
बाल में एक-एक बाल। मारूँगी मैं
तुम्हें, फिर ऐसा किया तुमने कभी।
देखो कंघा भी धँसता नहीं
गाँठों में'। 'सुलझा देता हूँ मैं', कह
कर उसने नाक शीश में घुसा
सूँघी शिकाकाई फलियों की गन्ध।
'हटो, उलझाने वाले बालो,
जाओ मुझे न बतियाना।' भूतनाथ ने
अँगुली में लपेट ली फिर एक लट

सिन्दूर लगाना (डपटना)

छोटे-छोटे आगे को गिरे आते चपल
घूँघरों में डाली तेल की आधी शीशी,
भर लिया उसके मध्य सिन्दूर और ललाट
पर फिर अँगुली घुमा-घुमा कर बनाया उसने
गोल तिलक। पोर लगा रह गया सिन्दूर
शीश पर थोड़ा पीछे; जहाँ से चोटी का
कसा गुंथन आरम्भ होता है, वहाँ पोंछ
दिया। उसे कहा था मैंने 'इससे तो बाल
जल्दी सफ़ेद हो जाते हैं।' हँसी वह। मानी
न उसने मेरी बात। 'हो ज़ायें बाल जल्दी
सफ़ेद। चिन्ता नहीं कल के होते आज हो
जायें। मैं तो भरूँगी ख़ूब सिन्दूर मांग
में। तुम सदा मुझ भोली से झूठ कहते हो।
कैसे पति हो पत्नी को छलते रहते हो
हमेशा। बाल हो जायेंगे मेरे सफ़ेद
तो क्या? मेरा तो ब्याह हो गया है तुमसे।
तुम कैसे छोड़ोगे मुझे मेरे बाल जब
सफ़ेद हो जायेंगे। तब देखूँगी कवि जू।'

स्पर्श-1

दोपहर का खजूर सूर्य के एकदम निकट
पानी बस मटके में
छाँह बस जाती अरथी के नीचे

आँखों के फूल खुलने-खुलने को
थे जब
तुमने देखा
शंख में भर गंगाजल भिगोया शीश

कन्धे भीग गये और निकल गया
गुलाबी रंग
साँवले कन्धे और चौड़े हो गये
भरने को दो स्तनों को उष्ण
स्वेद से खिंचे हुए
खिंचे हुए भार से

पत्थर पर टूटने को और जेल में
कस लेने को
जब निदाघ में
और और श्यामा तू मुझमें एक हुई
पका, इतना पीला
कि केसरिया लाल होता हुआ

रस से
फटता, फूटा सर पर खरबूज
कण्ठ पर बही लम्बी-लम्बी धारें

मैं एकदम गिरने को दुनिया की
सबसे ऊँची इमारत की छत से

कि अब गिरा अब गिरा अब मैं

अब गिरा
रेत की देह

स्पर्श-2

तुमने मुझे छुआ पहली बार
और फल पकने लगा भीतर ही भीतर
सूर्य पर टपकने लगी
नीबू की सुगन्ध
जिसमें वह कसमसा रहा है अब तक

छटपटा रही है मछली की पूँछ
जैसे दुनिया
धूज रहा हूँ मैं बज रही हैं हड्डियाँ
यह वही हड्डियाँ हैं
जो तुमसे मिलने के बाद
पतवार सी छप-छप करती हैं
शरीर नौका हो गया है

"छूना जादू है" हज़ारों-हज़ारों बार
इस बात को दोहराता हूँ मैं
मुझे दोहराने दो यह, तुम
यदि डिस्टर्ब होते हो

तो मुझे गाड़ दो ज़मीन में
या धक्का दे दो किसी खाई में

मेरी आँखें ख़राब हो चुकी हैं। कानों
को कुछ सुनायी नहीं देता।
मैं कुछ सूँघ नहीं पाता मोगरे के
अलावा। नमक और गुड़ का अन्तर
ख़तम हो गया है मेरे लिए

मैं बस छू पाता हूँ। तुम मुझे छुओ
इस छूने के लिए मैं जल चुका हूँ
पूरा का पूरा।

लखुन्दर

नदी में दोलते हैं सहस्रों सूर्य,

स्वच्छ दर्पण झिलमिला रहा है।

मुख न देख
पाओगी तुम स्नान के पश्चात्,
छाँह ज्यों ही पड़ेगी
सूर्य का चपल बिम्ब घँघोल
देगा आकृति,
पुतलियाँ ही दिखेंगी तैरती मछलियों-सी,

इस वर्ष वर्षा बहुत हुई है इसलिए
अब तक ऊपर-ऊपर तक भरी है नदी।

पूछता हूँ
'नदी का नाम लखुन्दर कैसे
पड़ गया?'
युवा नाविक बता नहीं पाता
'लखुन्दर' का तत्सम रूप
क्या होगा...
नाव टो जाती है

तब तक पार
दिखती है मन्दिर की ध्वजा

अगली बार
'नहाऊँगा नदी में' करते हुए संकल्प
चढ़ता हूँ सीढ़ियाँ।

पीछे जल बुलाता है

महानदी

मध्यदेश का सीना
ताम्बई, स्थूल व रोमिल। पड़ी
है महानदी उस पर,
पहनकर वनों की मेखला।
घिसे रजत की श्याम

द्रोण के सूती नीलाम्बर से
ढँके देह मेदस्वी,
बाट जोह रही सूर्ज की।

मछलियाँ पेट में कर
रही हैं निरन्तर उत्पात। दिनों
से मछुआरों का दल
नहीं आया। ऊदबिलावों
का झुण्ड ही उदरस्थ
करता है शैतान मछलियाँ पर
यह तो सहस्र हैं। अब
सहन न होती यह चपलता।

कब आयेंगी यहाँ
घनचुम्बी पालों वाली नावें,
डालेंगी जाल, तब

आराम से सोऊँगी मैं।
कीच में गिरी गेंद
सी मैली और बेचैन महानदी
पार की छत्तीसगढ़
में, जाता था जब बंगाल

गूलर

तुम तो कहते थे गूलर दिख जाने
से दारिद्र्य आता है। कोढ़ी
बता गये नागार्जुन भी इसे पर
गुंफित डालियों पर गुल्म गोदों
का हर्ष से भरता है ज्यों दूध से
यह गूढ़, गुथुवन तना भरा है।
मारी गुच्छों पर गुलेल से गोटियाँ
गिरा दिए आठ-दस फल। फूटा
डण्ठलों से दूध। हेमदुग्धा यों ही
न कह गये पुरातन कवि। ऐसी
श्री किसके निकट है, कहो तो! तब क्यों
कटाते हो? रह भी जाने दो।
जब बचेगी न साग न कोदों घर में;
खाया करेंगे गोदें ढेर।

कदम्ब

कर्बुर शब्दों से बने वाक्य का एक ही रंग
होता है जैसे कदम्ब के सब फूलों का है
एक ही रंग। जो होते हैं प्रकट वृक्ष पर
जैसे फूटता है अर्थ शब्दों का मस्तिष्क में।
नेपथ्य अभिनेत्रियों का झुण्ड सजा खड़ा हो
मंच पर उजागर संकेत भर में हो,
यों सुन भीषण मेघ डम्बरी इसके पोर
फूट पड़ते हैं फूल औचक। क्लिष्ट, घना
स्वरूप बाणभट्ट की कादम्बरी-सा इसका
है। तर्कशास्त्रियों ने इसके नीचे पाये
जाने वाले अन्धकार पर युगों विवाद ही
किया है। इसका फल होता है ललछौंहा
सूर्यास्त-सा। जब काला पड़कर गिरता है
पाषाण जैसा कठोर हो जाता है। छोकरों
की कनपटियों पर किशोरियाँ साधती हैं
निशाना। क़दम्ब फलों की अब तक मैंने
मार ही खायी है। फल कभी नहीं खाया। स्वाद
पर चर्चा फिर कभी, कहीं करूँगा, बाबू!

कि दोष लगते देर नहीं लगती

किसी स्त्री की परपुरुष से इतनी
मैत्री ठीक नहीं देवि

कि दोष लगते देर नहीं लगती
न गाँठ पड़ते

मेरा क्या मैं तो किसी मुनि का
छोड़ा हुआ गौमुखी कमण्डल हूँ
जो लगा कभी किसी चोर के हाथ
कभी वेश्या तो कभी किसी ढोंगी ब्राह्मण के

तुम्हारा तो अपना संसार है देवि
अन्न का भण्डार है शय्या है
जल से भरा अडोल कलश धरा है
तुम्हारे चौके में
सन्तान है स्वामी हैं

भय नहीं तुम्हें कि रह जाऊँगा।
जैसे रह
जाता है कूकर रोटी वाले गृह में

चोर हूँ तुम्हारी खिड़की से लटका।

पकड़ा ही जाऊँगा
मेरा अन्त निश्चित है देवि
मेरा काल देखो आ रहा है

मसान है मेरा ठिकाना
शव मेरी सेज
देखो मुझसे उठती है दुर्गन्ध
युगों जलती चिताओं की

मत लगो मेरे कण्ठ
मेरे कन्धे पर नाग का जनेऊ
मेरे कण्ठ में विष है देवि।

अधगीले चौके में वह

अधगीले चौके में वह
छौंकती है खिचड़ी आधी रात
उजाले को बस डिबरी है
सब ओर सघन अन्धकार है

मावठा पड़ा है पूस की काली रात
शीत में धूजते हैं
उसके तलुवे
मुझे लगता है मेरे भीतर
बाँस का वन जल रहा है

सबसे पहले धरती है पीतल का
भरा हुआ लोटा सम्मुख, फिर पत्तल पर
परसती है भात धुन्धुवाता
सरसों-हल्दी-तेल-नौन से भरा

'गही खिला सकती हूँ
मैं जन्म की दरिद्र, अभागिन हूँ
खा कर कृतार्थ करें
इससे अधिक तो मेरे पास केवल यह
देह है
मैल है धूल है, शेष कुछ नहीं'

संकोच से मेरी रीढ़ बाँकी होती
जाती है ज्यों धनुष
वह करती रहती है प्रतीक्षा
मेरे आचमन करने की
कि माँग सके जूठन

और मेरी भूख है कि शान्त ही नहीं होती
रात का दिन हो जाता है
अन्न का हो जाता है ब्रह्म

अभय होकर निभायी प्रीति

धजी धरी अर्थी के ऊपर दिखा
उसका मुख
शताब्दियों प्राचीन चन्द्रमा सा नूतन।

मुझे क्षमा करना
कि चूका नहीं आँख लड़ाने से
शव के ऊपर भी।

किन्तु मैं क्या करता
मैं हाड़-चाम का चीकट जीव
मुझे गिरते कितनी अबेर लगती महाराज।

जबकि मेरे कन्धे छिल चुके हैं अरथी ढोते-ढोते
मेरे फेफड़ों में भरी है चिरायंध।
मेरे दुःख आधे भसम शव से दीठ है।

तब भी मैं नहीं साध पाया रांयग
डोल गया कूप में डुलते डोल सरीखा

काँटे काँटे उठते हैं शरीर में
जब भी कहता हूँ अपनी यह कथा

शव का मैंने किया बिस्तरा
चिता बनायी खाट
श्मशान मेरी हुई गृहस्थी
हुआ कपाल जल का लोटा

और ऐसे दसों दिसों से
काल से घिरकर
मैंने किया प्रेम

मैं डरा नहीं प्रभु
और मैंने अभय होकर निभायी प्रीति।

बेर

मर्कट-दल उत्पात मचा कर
अभी अभी गया है।
बदरी का बेचारा बालक वृक्ष इसी बरस तो
फला था।
हरे-हरे बेर टूँग-टूँग कर
फेंक गये वानर।
तुम दुखी मत हो बदरी गाछ।

जानता हूँ गोधूलि
लौटती बेर असंख्य शुकों का झुण्ड
विश्राम पाता था तुम पर जरा अबेर।
पियराते बेरों के लिए ललचाता किन्तु अगली
ऋतु और भी फलोगे तुम।
अरुण-पिंगल फूलों से झोल खा जायेंगी
डगालियाँ।

निराश होना ठीक नहीं यों।
बीत जाने दो शीत-काल, पड़ जाने दो तुषार।
वसन्त आते ही
फुनगियों फूल जायेंगे लजीले फूल हज़ार।

बबूल

टीबे की ओट खड़ा हूँ। मेरी भी टूम-टिमाक
है। टहनियों टसके हैं फूल टहटहे
मगर टुंच अपनी टीप है। टूटरूँ टोंट
उठा टहक रहा है। आ बैठता एकाकी
कौआ कभी। मेरा यह मज़बूत कलेवर
लेकर कृषक सिला पर पैदा कर सकता
धान। ऐसी टाँठी काठ है मेरी। दातुन लेने
टाँकी मारते हैं बूढ़े बस। टोली ने टाँकी
से लौटते टार्च मारी थी मुझपर, टिहुक
उठा था मन मगर वह टोहा-टाई तो
किसी प्रेत को टोंचने के लिए थी। फूलों पर
किसकी नज़र जाती? हल की मुठिया बन
जाने की कामना लिए खड़ा हूँ मैं टिढ़-बिंगा
सहता आप-आतप-अपमान-घृणा।

अमरूद वृक्ष

सहस्र दिन पुरातन मूत्र-गन्ध
से त्रस्त थे नासापुट महू
के रेलगाड़ी स्टेशन पर।
उबकाई ले रही थी फिर
फिर प्रौढ़ाएँ। नकुट ढँके थे
चन्दन चर्चित मुनियों के दल।
तब अचानक जैसे आकाश
में द्रोणमेघों का झुण्ड हो
उठता। उठी किसी विजयी की
ध्वजा-सी अमरूद की गन्ध।
चौकोर गवाक्ष में छपरे
में तिरछौहे-तिरछौहे धर
अमरूद एक श्याम किशोर
खड़ा था। बाहर-बाहर हरे
भीतर आरक्त। एक योगी
ने परमहंस परम्परा के
चलाई प्रत्यग्र फल पर छुरी।
ज्ञानी कहते जो आये हैं
कि बीज में वृक्ष है। प्रत्यक्ष
हो उठा अमरूद-तरु समक्ष।
रंगों की प्रयोगशाला में
अपूर्व शोध अमरूद वृक्ष

ने किया है और तब जाकर
प्रकट हुए हैं हरे रंग के
विविध वर्ण। फुनगियों बाल-शुक
सा हरा। भीतर की टहनियों
का रंग वृद्ध कुटुरु के खीन-
जर्जर पंख सा गहरा। फलों
के हरे रंग के भी अनेक
छन्द हैं। कोई-कोई वृक्ष
का फल जैसे चौपाई हो—
हरे से हरिद्ररंगी। ऊपर-ऊपर
अरुणिम। कोई फल तो
मानो किसी मानिनी के हों
स्तन, जो बाहर तनिक पिंगल
प्रतीत तो होते हैं, किंचित
कक्खट भी किन्तु दाँत लगते
लाल हो उठते हैं। बालिका
सा बढ़ता है अमरूद वृक्ष।
वर्ष में फलता है दो बार

पकड़ नहीं आती छवि

दूती की भूमिका में मंच पर
बाँच रही है आर्या-छन्द मेरी प्रेयसी।
चाँदी की पुतलियों का हार और हँसुली
गले में पहने। संसार यदि छन्द-
विधान है तो उसमें
अन्त्यानुप्रास है वह। किसी
उत्प्रेक्षा-सा रूप जगमग दीपक
के निकट। दूती के छन्द में कहती
है नायिका से, छाजों
बरसेगा मेह, उसकी छवि की छाँह
बिन छलना यह जग, जाओ सखी
छतनार वट की छाँह खड़ा है
तुम्हारा छबीला और मुझे मंच के नीचे
कितना अन्धकार लगता है। कैसे रहूँगा मैं
जब तुम चली जाओगी राष्ट्रीय नाट्य विद्यालय,
दिल्ली। यह अभिनय नहीं सुहाता, नट-
नटियों के धन्धे।

रूप दिखता है और अचानक
हो जाता है स्वाद। पकड़
नहीं आती छवि छन्द से भी
ज़्यादा छटैत है।

ऋतु-स्नान

चैत समाप्यप्राय है। आठ-दस हाथ दूर
आलते रचे, मैले पाँवों
को तौल-तौल धरती
उतरती प्रवाह
में। एक ही चीर से
ढँके सब शरीर।
एक स्नान सूर्योदय से
पूर्व कर चुकी है वह। यहाँ
केश धोने आयी है। पाँच
दिनों की ऋतुमती, थकी और
मंथर, अधोमुखी जैसे हो
आम्र-फलों की लता। नर्मदे
मेरे एकान्त पर फूलना
लिखा था यों यह ब्रह्मकमल कि
मारता हूँ डुबकी, अचानक
उसके स्तनों पर जमे गाढ़
स्वेद, धूल और श्वासों से
सिंची फूल पड़ती है मुझपर
मोगरे की क्यारियाँ। वीर्य
और रज का मैं पुतला, मुझे
नदी के बीचोंबीच होना
था मुकुल शिव-पुत्र का कामोद।

बहुत हैं मेरे प्रेमी

मैं तो भ्रष्ट होने के लिए ही
बनी हूँ
बहुत हैं मेरे प्रेमी
पाँव पड़ता है मेरा नित्य
ऊँचा-नीचा

मुझसे सती होने की आस
मत रखना, कवि

मैं तो अशुद्ध हूँ
घाट-घाट का जल
भाँत-भाँत की शैया
भिन्न-भिन्न भतोर का भात
सब भोग कर
आयी हूँ तुम्हारे निकट

प्रौढ़ा हूँ, विदग्धा हूँ
जल चुकी हूँ
यज्ञ में, चिता में, चूल्हे में

कनपटियों की सिराओं में
टनटनाती रहीं सबके, दृष्टि में

रही अदृश्य होकर, जिह्वा पर
मैं धरती हूँ कलेवर
उदर में क्षुधा, अन्न में तोष
निद्रा में भी
स्वप्न खींच लाया मुझे
और ले लिया मेरे कण्ठ का चुम्बन

फिर कहती हूँ, सुनो
ध्यान धरकर

मैं किसी एक की होकर नहीं रहती
न रह सकती हूँ एक जगह
न एक जैसी रहती हूँ

नित्य नूतन रूप धरती हूँ
मैं इच्छावती
वर्ष के सब दिन हूँ रजस्वला
मैं अस्वच्छ हूँ टहकता है मेरा
रोम-रोम स्वेद से
इसलिए मैं लक्ष्मी नहीं हूँ
न उसकी ज्येष्ठ भगिनी

मैं भाषा हूँ, कवि
मुझे रहने दो यों ही
भूमि पर गिरी, धूल-मैल
से भरी

जड़ता में ढूँढ़ोगे तो मिलेगा

सतीत्व, जीवन तो स्खलन
है, कवि

जल गिरता है
वीर्य गिरता है
वैसे मैं भी गिरती हूँ
मुझे सँभालने का यत्न न करो
मैं भाषा हूँ
मैं भ्रष्ट होना चाहती हूँ।

मल्हारगंज, इन्दौर में वर्षा

मल्हारगंज की हाट
में भयानक झंझा से
भर गयी धर्मशाला,
दुकानें व रिक्शे। छाया
का प्रतिबिम्ब हो ऐसा
तिमिर; ज्यों कोई लाया
हो चुराकर तमाल
के वन से। अनाज के
व्यापारियों ने समेट
लिया पसार। पापड़
वाले हो गये फरार।
बीच बाज़ार मेघ ने
आकर खोल दिया था
कुरबक* के फूलों से
बँधा ऋतु का खोंपा।
थे फैल गये पीठ पर
भू की; अजानुलम्बित
मंजीष्ठ के रंग वाले

*कुरबक का फूल वृद्धवसन्त अथवा ग्रीष्मान्त में खिलना बताया गया है। इसे लोक में कटसरैया भी कहते हैं। हालाँकि इसके फूल पीतवर्णी होते हैं किन्तु कवियों ने इन्हें श्याम वर्ण का कहा है। कुरबक मानसून के आते ही झड़ जाता है।

मेघ। डुबकियाँ शत-
सहस्र मारकर, थे
बंगाली खाड़ी से आये।
मिनट दो मिनट में
बजने लगे टपरे।

खुल तो गया था खोंपा
किन्तु देर तक झोड़
मेघ और ऋतु बीच
मची रही। "तुम साँड़
हो पर्जन्य। सभ्यता का
नाममात्र नहीं। कवि
कहते रहे बहुत
तुमपर किन्तु कभी
कविता तुमने पढ़ी
नहीं।" रिसिया गयी थी
ऋतुजी, यों अचानक
खुल जाने पर देर
तक यत्न से सजाया
खोंपा। तभी धूमध्वज
प्रत्यग्रवय धुरवें
का वज्रनिर्घोष सुन
जाग पड़ी थीं प्रौढ़ाएँ
जो अपराह्न-निद्रा से;
लौट गयी इन्द्र को दो-
चार गालियाँ दे। लौट
गयी भीतर चढ़ाने
चाय की पतीली। खड़े

रहे यायावर छज्जे
की छाँह; करते रहे
प्रतीक्षा विलम्ब तक।

विलम्ब तक मेघों का
मल्हारगंज में मचा
रहा भीषण उत्पात।

बाढ़

साढ़े छह इंच वृष्टि रात्रि मात्र
में हो गयी। शिप्रा ख़तरे के
निशान से सात फुट ऊपर बहती
है। दिन में भी अन्धकार है।
भयभीत है पूरा देवास। मौसम
विभाग ने दी है भारी वर्षा की
चेतावनी। स्कूलों में अवकाश है,
दफ़्तर-कारख़ाने बन्द। दूध
मिलना मुश्किल। भदवारे का आठवाँ
दिवस—धूम्र, ज्योति, जल, वायु से
गुँथीं—दिशा से दिशा तक बँधी है
धारावर्षी माला। पूरे दिन बरसते रहे
धारासार। फूली हुई भैसों की देह
तैरती हैं जल में। माचिस की तीली की
नोक पर ही बची है आग। डोंगियों
पर कठैत युवाओं का दल पानी में
फँसे लोगों को बचा रहा है; टार्च
और लालटेन की रौशनी में। जो
कर ले मेघ जो कर ले अन्धकार,
बचा रहा है मनख बच रहे हैं प्राण;
तो क्या जो एक
नमक का पूड़ा मिलना भी है मुहाल।

राष्ट्रीय नाट्य विद्यालय में दोपहर

मंच पर इधर से उधर
खिलखिलाता
दौड़ता है किशोर अभिनेत्रियों का झुण्ड
दोपहर दो का टाइम, देर है छह वाले
शो में
रिक्त है रंगशाला
सूख रही हैं कुर्सियों पर हैण्डलूम की साड़ियाँ
डोल रहें कानों में भारी-भारी कुण्डल
अ़रुण हैं ऊपर तक कान

एक की तो आँखें तक भर गयीं
हाय वह सुन्दर कर्ण-स्पर्शी नयन
कितने अरुण हो गये हैं।

कोई उतार दो उसके कर्णफूल
खोंस दो उनके बजाय कोई शिरीष का फूल
या मोगरा या चमेली और कुछ नहीं तो
आम्रमंजरी ही सही
अच्छा ऐसा करो खोंस दो वह मोरपंख
जल में डोब कर
तब थोड़े बड़े हो जायेंगे कर्ण छेद

लो आ गये निर्देशक जी, मच गयी
हड़बड़ी, पच्चीस-छब्बीस बरस के युवा हैं
पर बहुत समझ है उन्हें रंगकला की

देखो कैसा अरुणाभ हो गया
उस अभिनेत्री का मुख जैसे कामदेव
रगड़ गये कपोल पर कुंकुम

बार-बार मूँदती नयन, फिर
खोलती है आधे-आधे
आप ही आप नाचते हैं निर्लज्ज
इन नयन सन्दूकों में बन्द दो खोटे सिक्के

निर्देशक जी तो मग्न हैं पढ़ने
वसन्तसेना का संवाद
विचित्र रंगशाला है भई

कौन है वसन्तसेना और कौन-कौन पढ़ रहा
है उसका संवाद
और किसके मुख पर फूल आये हैं
कदम्ब के कुसुम, सुन कर मेघों का
गहन, गम्भीर गुरु गर्जन

आवरण, कुर्सियों के कवर, मुख, अधर, कान
ओढ़नियाँ, कंगन सब अरुण ही अरुण हैं यहाँ
जैसे पूरी रंगशाला किसी ने
निकाली हो डोब कर आलते की कटोरी से

जैसे जीवन हो, सच्च
रंगशाला बन्धु जीवन ही है
यह मैं नहीं, कह गये हैं बड़े-बड़े कवि भी

और सुनो तुम क्या कोई विदूषक
हो भगवान
अहर्निश चतुर्याम रचते
रहते हो एक से बढ़कर एक हास्य के
ड्रामे।

कलकत्ता

दक्षिणेश्वर, हावड़ा में पुल के उस पार, भयभीत हो गये थे जन। हुगली—ऐसी घटा घिरी हो जब, तब कोई मर्द-मानुष ही कर सकता है पार। कलाकन्द खाकर चाय पीकर बैठे रहो घर में, पढ़ते रहो बाबा नागार्जुन की पोथी किन्तु जो कवि हो तो चलो हमारे संग। ले लो कोई डोंगी, भय क्या जो पड़े दौंगरा ललाट पर सीधे। कलकत्ते रहे बिना कवि होना कठिन है। कलकत्ते में मेघ और कामिनियाँ बहुत हैं। पहलवान हो तो भी भय लगता है न—ऐसे मेघों से ऐसी कामिनियों से!

भाषा

जब जब मैं इसका व्याकरण थोड़ा-बहुत सीख पाता हूँ, तुम किसी दूसरी भाषा का आविष्कार कर लेती हो। बिजली का बिल उस दिन आया और मैं पढ़ नहीं पाया। कविता लिखना बहुत दूर की बात हो गयी है। बीती रात जब चन्द्रमा निकल आया था अचानक जैसे कोई नेवला काट जाता है रास्ता भर दोपहर। मैं मस्तिष्क की सब शिराएँ खींच कर भी याद नहीं कर पाया कि चन्द्रमा को क्या कहते हैं। शब्दकोश में कैसे ढूँढ़ता किन्तु ढूँढ़ते ढूँढ़ते पहुँच गया चन्द्रबिन्दु तक। मेरी भाषा तुमसे मिलने के बाद चन्द्रबिन्दु सी हो गयी है। यदि लिखूँ कभी तुम्हें पत्र तो केवल चन्द्रबिन्दु ही चन्द्रबिन्दु बनाऊँगा। जान लेना तुम मेरी दशा केवल चन्द्रबिन्दु पढ़कर।
इससे अधिक मैं नहीं लिख पाऊँगा—श.

शरीर-1

तुम्हारा शरीर बलिष्ठ और सुन्दर है। जब प्रारम्भ में स्त्री-देह से पहला परिचय हुआ था, नयी-नयी चेतना जागी थी तब सोचा नहीं था कभी कि मैं स्त्री-देह के लिए 'बलिष्ठ' शब्द का प्रयोग करूँगा। तुम्हारे स्तन-कठोर, स्थितप्रज्ञ किसी abstract installation art जैसे धँस गये हैं मेरी दृष्टि में किन्तु तुम्हारी भंगिमाएँ पक्षियों जैसी हैं जो मेरी आँख में पड़ते-पड़ते छूट जाती हैं। लगता है, किसी दिन जैसे दर्पण में केश आ जाता है, पुतलियों में उतर आयेगा रेशा और तुम मुझे दो या आधी दिखायी दोगी। श. तुम्हें न पूरा पा सकूँगा न देख पाऊँगा कभी पूरा।

शरीर-2

तुम्हारी जिह्वा के अग्रभाग में मेरी समग्र चेतना स्थित है। नीचे के होंठ के भीतर का भाग जिसे ईश्वर से भी अधिक मेरे दाँत जानते हैं वहाँ पर जो अधिक उत्तेजना में काटने पर उस दोपहर रक्त निकल आया था, उस रक्त से मेरे भीतर कितना रंग है, तुम नहीं जानती श.
किसी अन्तरिक्ष के यायावर की उत्सुकता से अधिक तीव्र और गहरी है मेरी जिह्वा की तुम्हारे तालु तक की यात्रा। मेरे दाँत और नाख़ून वन्यपशु से तुम्हारी फिराक में रहते हैं हमेशा। "सुनने में बुरा लगता है" मत कहो तुम। तुम्हारे पैर के अँगूठे का स्वाद तो मुझसे ज़्यादा यह पृथ्वी भी नहीं जानती। पिण्डलियों की मांसपेशियों की ऊष्मा बहुत है इच्छा के पक जाने के लिए।

दोपहर

गद्य जैसा खिंचाव लगता गले
और हृदय के बीच। प्यास शब्द
पूरा नहीं पड़ता। वह दोपहर ऐसी
कविताएँ थी जिसमें कोई नहीं था।
एकाकी शब्द भी छोटा पड़ जाता
था, बार-बार व्याकरण की किताब
उठा कर रख देता घर की
सबसे ऊँची अलमारी पर।
एक दिन शाम छह बजे, जब
उसे छोड़कर लौट रहा था—मेघों
से भरा हुआ था शहर। गाड़ियों
की लाइट कभी इधर कभी उधर
चौंधती थी।
अँधेरे से पहले अँधेरा हो गया था।
बल्बों से भर गया अचानक
मेरी दोनों कनपटियों के बीच का
हिस्सा।
ऊब और उत्तेजना से मिलकर
बनता है सुख जिसके कारण हम
आत्महत्या नहीं करते।

एकान्त-2

बीजगणित का कठिनतम प्रश्न
हल करके जो एकान्त आ
जाता है अन्दर—शब्द नहीं
बना है जिसके लिए अब तक।
ज्यामिति से सधा हुआ—ऐसे
सन्तुलन पर टिका है कि दूर
माने मीलों दूर गरज के
साथ छींटे पड़ेंगे, कोई
पक्षी वृक्ष से टेरता उड़
जाता और यहाँ एकान्त
जो सधा था भंग होता। उस
एकान्त की जगह पर जहाँ
भाषा की सुदूर छाया ही
पड़ती थी। जहाँ देह के सुख
की केवल व्याख्याएँ ही
पहुँच पातीं वहाँ flea market बन जाता।
देखते ही देखते कविता
प्रकट होती और दूर चली
जाती जैसे अपने ही घर
की दीवार पर रातोंरात
प्रकट हो जाती है ग्राफ़िटी।

स्नेह

इन्दौर से महूवाली बस में जगह
कभी नहीं मिलेगी, पता नहीं कहाँ से
यह बस चलती है

धूल बहुत मिलेगी
बीड़ी का धुआँ भी
लोग अच्छे मिलेंगे
थके-हारे, काम से लौटते हुए
दुर्घटना में बस पलटने का डर
कभी-कभी गाँववाले बीच में
बस के किसी से टकरा जाने पर
ग़ुस्से में बस जला देंगे
यात्रियों को पहले उतारेंगे फिर जलायेंगे
ड्राइवर का क्या करेंगे
वह नहीं आ पायेगा राऊ; कचौरी खाने

फिर भी वह आती रहेगी, नील दी
सूती साड़ी पहने, देखेगी पहले दूर से
भीतर आकर सबसे पहले चाय का पानी चढ़ायेगी
मैं बेसबरा, जल्दी करूँगा तो ग़ुस्सा होगी

हमने हर शुक्रवार यह रिहर्सल की
दो सालों से
हवा में धूल से भर गयीं आँखें
चमकती तो रहेगी थोड़ी देर तक

निरध्व, किसी शुक्रवार तुम ग़लती से
रतलाम नहीं जाओगी, इतना विश्वास है
जो भी है। बात पूरी करने से अधिक
स्नेह नहीं हमारे बीच

मण्डन मिश्र के घर पर शुक-सारिका का शिष्यों को ज्ञान देना

'अनुबन्धचतुष्टय लिख लाओ'
शिष्यवत्सल मण्डन मिश्र के
शुक ने किवाड़ के पल्ले से
कहा। 'जड़मति तो नहीं हो तुम,
परख तो लूँ' सारिका बोली।

"यहाँ चकाटिया होकर सकल
पद के कुमार कुमारिल भट्ट
होने मस्तक उठाये चले
आते हैं। परीक्षा होगी।"

"बताओ वाक्यार्थ भीतर
दाड़िम जैसे खुलता है यों
अचानक प्रकट होता है या
कदली के फल जैसी अन्तर
इसकी गति विलम्बित है, चलो
फटाफट बताओ, समय अल्प
है हमारे निकट, काज बहुत।"

मिसराइनी कुटीर के दसों
ओर दाड़िम, कदली के कुंज

नित्यनियम भिनसारे सींचा
करतीं। केले में फूल लगे
थे। चातुर्मास पूरे हुए
परन्तु दाड़िम भी मंजरियों
से लाल लदे पड़े थे। 'भिन्न
भिन्न पक्षियों की काकलियों
के अर्थ क्या हैं क्या नहीं
कौन जानता कैसे समझूँ'

मैना-मिट्ठू को चेले ने
आकर कहा, "कदली के फूल
ज्यों विष्णु का लिंग है तथा
श्याम पत्रों में दाड़िम की
मुकुलों जैसा लक्ष्मी का भग।

विष्णु के लिंगोत्थान भाँति
अन्विताभिधानवाद वाक्य
का अर्थ होना बताता है
अर्थात् सहसा जबकि वाक्य
का अर्थ पहले पद पद प्रकट
होता है फिर वाक्य पूरा
समझ में आता है तब उसे
अभिहितान्वयवाद में रमा
के भग की भाँति बताते हैं—
धीमे-धीमे रस से भरता
है।" शुक-पिक दोनों चुप। दीर्घ
काल तक तकते रहे, तोता
बोला, "मिसिरजी तुम्हें शिष्य

बनायेंगे। दो पके दाड़िम
ले आओ और नारियल भी।
ले आओ हरा-हरा वह फल
विदेशी जिसके लिए भाषा
में कोई शब्द नहीं अब तक।"

मँगोड़े
(मूँग के भजिए)

बस भुट्टे पक रहे हैं इस श्याम धरा पर
तीन दिन चार रातों से धूप नहीं निकली
तीन दिन चार रातों से टुपुर टुपुर बजती
है हमारी पतरे की छत। जल से भंगार
हो रहा है यह भंगुर संसार। ऐसे में

विटामिन डी की कमी के कारण भग्नमना,
दोपहरी की रोटी खाकर घूम रहा हूँ
छाता लगा मुहल्ले के छोर से उस छोर।

भितल्ले तक भिद गये हैं भिन्नोदर बादल
हाँ, मानसून का उल्लास मनाते होंगे
माताबरोडी ग्राम के खेतिहर, रखी है
भँजकर मैंने अब तक बक्से में बिकवाली
से पहले की जाहिर सूचना। हमारी भी
खेती-किसानी थी। इतने में देखा एक

ठेले भट्ठी पर मँगोड़े तलता है एक
मोटा। मूँग की दाल, अदरक, हरी मिर्चियाँ
और धने की सुगन्ध से भूमा से भंगुर
संसार भर उठा है। शिशु-किशोर-युवा-वृद्ध

अनेक मुण्डों से घिरा है उफनते दढ़ैल

में उछलती मँगोड़ियों से भरा कढ़ाह तो
क्या हुआ यह संसार भंगुर है, तो क्या
हुआ कि एक दिवस जायेगी जवानी। एक

दिवस ख़तम हो जायेगा जीवन। फिर भी तो
इन्द्र लगा रहेगा काम पर। फिर कोई तो
जोतेगा ही सुनवीन हल से मेरे खेत

और तीन दिन चार रातों से अड़ी वर्षा
में कोई तो होगा साहसी भट्ठी जला
तलने बैठ जायेगा नरम गरम मँगोड़े
मिर्च की पकौड़ियाँ—

वेश्या से मिलना-जुलना
(सच्ची घटना पर आधारित)

अर्धरात्रि से दूसरे दिवस दोपहर तक
आगन्तुकों की सेवा, फिर स्नान, पूजा,
भोजन, नींद
ऐसे कट गया जीवन पर वर्षा होते ही
उसे याद आता डिहरी, सोन के किनारे
उसकी जीर्ण कुटी और गृहदाह

एक दिन जब आगन्तुक अधिक न थे
बहुत वर्षा हो रही थी और उसने खाट पर
बिछायी थी धुली हुई, कमलिनियों से भरी
चद्दर, निकट ही
स्टोव पर दूर दार्जिलिंग की चायपत्ती
गुड़गुमुड़ बोलती उबलती थी, उसने पूछा
'तुम क्या करते हो अमरन साहब?'

जैसे अम्माँ मुस्कुरातीं खिचड़ी स्वादिष्ट बनने पर
अम्माँ खिचड़ी अच्छी से अच्छी बनाने के
बहुत जतन करतीं
'रोगी का पथ्य उत्तम हो तब रोगी
फटाफट निरोग होता है' मूँग की दाल
दुबराज, नमक और जल

जैसे पंचतत्त्वों से भाँत भाँत के जीव हुए
वैसे ही इन पाँच पदार्थों से
खिचड़ी के भिन्न भिन्न स्वाद होते

'मैं कवि हूँ, कैथी' पता नहीं क्यों
उस बाज़ार की सब निर्धन वेश्याएँ साड़ी ही
क्यों पहनती थीं, साड़ी की किनोर से चाय की
पतीली पकड़े, वह हँसती, ठठाकर

'कवियों को नमक लेने को धन नहीं होता
कवि लोग वेश्याओं के घर बस
उपन्यासों में आते हैं अमरनचन्द्र* ।'

एक रात्रि बहुत नशे में उसके ब्लाउज में
अपनी कविता रखकर
आ गया मैं, उस रात्रि रुपया नहीं था मेरे निकट

बहुत दिनों बाद उसने फ़ोन किया
पैसे माँगती होगी किन्तु वह शुरू हो गयी
'संवाद पर संवाद ही तो लिखे हैं
कथा हो सकती है। कवि नहीं हो तुम
झूठे हो।'

फिर अगली बेर गया तो कहा
'मत आओ हर्पीज हो गया है।

---

* अमरनचन्द्र—कवि का धोखे का नाम। कवि वेश्या से अपना असली नाम नहीं बताना चाहता।

बहुत पीड़ा है।
बहुत खेद है।'

मन बहुत विशाल पाकशाला है
उसमें अन्धकार है मिट्टी का तेल है
मैं वहीं बैठ गया
और मन में ही चौके में
स्टोव में हवा भरने लगा
बहुत वर्षा होती थी
चौके की छत चूती थी

काली मूँछ धान अल्प था
दाल मटर की थी मूँग की नहीं थी

इतने दुःख में भी वह हँसने लगी 'कवि हो
तब भी कल्पना में भी
ऐसा अभाव है तुम्हारे।'

किस कवि ने कहा कि अदहन में भी
चावल डालते नहीं अकेले
मन जो एक विशाल पाकशाला है
तो देह उसमें खदकता अदहन है
सब अकेले ही जलते हैं

'हमेशा हाथ से नमक डालना
चम्मच से कभी नहीं' अम्माँ की
शिक्षा

नमक लेकर मैं अँगुलियों से
उसे तौलता रहा; कमर के एक ओर
जहाँ हर्पीज अधिक थी, उसे ऊपर कर
करवट ली, 'अमरनचन्द्र जी, अपने मन की
इस विशाल, आँधमयी
जिसकी छत चूती है
उस पाकशाला में चाय बनाकर ही मुझे
पिला दो
नमक आँकते तो लम्बा टेम खटेगा।'

रोगी का पथ्य उत्तम हो
तब रोगी फटाफट निरोग होता है

'अच्छा मैं अदरक लेकर आता हूँ तब।'
छाते कविताओं की ही भाँति
दुःख से पूरा नहीं बचा पाते थे—पतलून सोरबोर
बुशर्ट बरबाद, जनेऊ तक भीग गया
(पता नहीं मैं क्यों पहनता था उन दिनों
विष्णुपुर का जनेऊ!)

सब सृष्टि जलमयी थी, बुधवारपेठ* में
कोई दिखता ही नहीं था, पनोरे, पड़ोह धलधल
बहते
सब दिशा गोड़डुबान जल था, एक चाय के ठेले पर
हम्माल मजूर चिमनी से बीड़ी सुलगाते थे

* बुधवारपेठ—पुणे का एक इलाका जो वेश्यावृत्ति के लिए प्रसिद्ध है।

'पता था रीते हाथ लौटोगे, घटा कहती है कि
आज ही सब बरसूँगी' चाय छानते उसने कहा
'बाहर गमले में अदरक बो रखी है मैंने
आपको बताने आती तब तक आप फ़रार।'

'अदरक को छुआछूत बहुत होती है न! कोई ऐसा वैसा हाथ
लग जाये सड़ जाती है' मैंने कहा

उसने मुख उठाया 'ओह रे बाबा, तुम्हें तो
माता निकली है' जलते स्टोव के आलोक में
उसका कपाल देखकर मैंने कहा

'माता तो छोटी थी तब निकली थी
यह हाथभर केश थे मेरे
आधे माता ले गयी आधे कालाजार लील गया
लम्बे केशोंवाली वेश्याएँ बहुत कमाती हैं।'

'बार बार वेश्या क्यों कहती हो?'
'कोई शब्द पुरातन होकर बुरा तो
नहीं हो जाता न।'

पत्नी से अलग होने के पश्चात्, प्रतिदिन का
आना-जाना था उसके निकट
बहुत पहले की बात नहीं है
हाँ, तब वर्षा बहुत होती थी

और चिमनी से ही हो जाता था इतना
प्रकाश

कि जीवन चल जाये, एक-दूसरे के
दुःख और सुखों से भरे कपाल दिख जायें

'मैंने जब भी कोई कविता लिखनी चाही
दुख की छाया ने उस पर पड़कर सब नाश
कर दिया।'

'दुःख की छाया सुख की भूमि पर पड़ती है
सुख की छाँह मेघों की छाँह जैसी है
अभी थी अब नहीं। भंगुर है।'

'तुम कवि हो क्या, कैथी?'

हँस हँसकर उसने कहा 'हाँ हूँ
काहे से कि संवाद करना ही तो
कविता है तुम्हारी दृष्टि में' हर्पीज में भी
उसने हँस हँसकर कहा।

टाकाचोर

भृंगराजों के झुण्ड में शिकार करता
आ बैठा है टाकाचोरों का कुटुम्ब
देखना अशुभ है निमीलित आँखों से
कहता है शैलेन्द्र

'कौआ है रे' अज्ञानी जन कहते हैं
'टाकाचोर टाकाचोर'
कहकर दौड़ता जाता है शैलेन्द्र
आँखों को करतलों से ढँके

प्रातः निपटा चुका है बसन्तों की पंगत में
निम्बोरियों के ढेर
उड़ती दीमकें खा चुका सकल

कितने पक्षियों के अण्डे खाकर
अब भृंगराजों के दल में यह
भुखमरा क्या खाने आया है

लग्गा लेकर टाकाचोर का नीड़ उजाड़ने को
टॉर्च से खोज रहे हैं शैलेन्द्र के पापा
सब ओर साँय साँय है
'टाकाचोर के रहते कोई और गृहस्थी नहीं कर सकता'

'भरी रात्रि क्यों किसी का नीड़ नष्ट करते हो
भीतर गरम कम्बल में जो
नष्ट नीड़ पढ़ते थे, वही जाकर पढ़ो न'

साँय साँय है टाकाचोर का ज़रा अन्देसा नहीं

प्रातः ही फिर स्वर किया, शर्करा
तो जल में ही घुलती है
तब वायु में कैसे घुलकर स्वर हो गयी

'को कि ला को कि ला को कि ला'
श्रीमद्‌अमरसिंह ने शब्दकोश बनाने में
शताब्दियों पूर्व
कर दी थी बड़ी भारी मिस्टेक

टाकाचोर 'को कि ला को कि ला' टेरता है
अज्ञानी जन हतप्रभ, कागला नहीं है
कोकिला है'

नीड़ नहीं किया पताकाओं के संग निकल गया
श्यामाओं की फिराक में।

फ्रांसीसी भाषा का प्रेमी

अग्नि है भाषा, पंख सा जलकर
भस्म हो जाऊँगा। नित्य सात बजे
सायंकाल फ्रांसीसी भाषा का प्रेमी
अपनी प्रेयसी की प्रतीक्षा
करता है, दिनभर की थकी, जिसका
मन बासे दूध सा फट फट
पड़ने को है, धीरज से क्रोशिया
बुनती हैं।

नित्य दिन के जाते जाते
फ्रांसीसी भाषा कहाँ खो जाती
है? शब्द गिनता है अँगुलियों पर वह,
मात्राएँ और उच्चारण में भेद भ्रमित
कर देता है अर्थ। यह भाषा जिसे सीख
रहा है प्रेयसी से, गद्य में, अपने अनर्थ में
भी कैसी कविता लगती है। वह कहती है
हैं "cava bien merci" चन्द्रमा निकल
आता है सुदी प्रथमा को ही। कहो तो

फ्रांसीसी में क्या कहते हैं चन्द्रमा को।

जामुन का वृक्ष

जिह्वा जामुनों को खाकर नीली पड़ी थी।
तम के रस से कण्ठ भरा था। कसैले अधर
जम्बूवृक्ष के प्रगाढ़ अन्धकाराच्छन्न
दाव में अनन्त भूमा की व्रज्या से थके
भूतनाथ पाड़े ने अनुराधा का चुम्बन
लिया था जब, तब हठयोगियों की चर्या को
पकड़ लिया था मूर्च्छा ने, पकड़ लिया था
निद्रा ने। पहले तर्जनी चिबुक पर छुवाई
थी। पुतलियों पर पुतलियाँ धर देर तक स्थिर
खड़े रहे। भूतनाथ की आँखों की चौखट
में बिम्ब फँसा था कविता होने को आकुल
जैसे पिंजरे में बन्द दाड़िम चुगता शुक
हो उड़ने उड़ने को। दाँतों से दाँत बजा,
जो भूतनाथ मुस्कुराया, अनुराधा पीठ
दे खड़ी हुई परन्तु मन तो मथा जा चुका
था। जीभ भी जामुनों से कसी जा चुकी थी
कुटरुओं की कुटरूं कुटरूं से धरण सब
भरी थी जानो तुमुल का घड़ा हो। दोपहर
जामुन सी तिमिरमय, ठण्डी जी को लगी थी।

आज क्या घटा

"रस इतना गाढ़ हो जाये चर्वणा सम्भव
हो उसकी कविता में" यों कह मैं जब पलटा
ग्रीष्मदिन की केलि के पश्चात खुले थे
उसके वस्त्रों के सभी बन्द-फुँदने। वक्ष
पर खुली हुई विनयपत्रिका रखी, ढाँकती-
दिखाती गाढ़े श्याम वर्ण के अंगों को।
उसने कहा, "शृंगार नहीं मुझे न रौद्र,
करुण या निर्वेद। रस जो भी अतीव गाढ़ा
हो जाता है तब वह अद्भुत फल होता है।
गोवर्धन की उस कविता पर जैसे मैंने
दाँत गड़ाया है।" "तुम और की कविता पढ़ा
मत करो। अच्छा नहीं परपुरुषों के प्रसंग
पढ़ना। कुठाकुर की कविता कटु है। ललकता
है मन। पाठकों के लिए षट्-रस रति पातक है।
मीठे में ही मन मग्न करो।" उठ बैठी
पुस्तिका गिर गयी। "तुम यह पितृसत्तात्मक
आदेश देना मत कभी।" वहाँ कोप से कामना
से पकड़ ली उसकी ग्रीवा मैंने। चुम्बन
को जो निकट खींचा, वह मूर्च्छित हो गयी।

न्योजी का वृक्ष

न्योज़ियों पर फल आ गये, रहट के पीछे
उस ओर जहाँ लेटलतीफ़ बेदाना और
इलायची, कलकतियाँ के तीन तरु हैं। उधर
से ही रह रहकर उठता है परिमल।
आमों की गुठली इस भूमि पर फली नहीं कभी। बरा
न्योजियों की अनन्त डगालियाँ ही मह मह
करती हैं ज्येष्ठ की दुपहरों को। कौवे
कुलेल करते हैं, टोंच डालते हैं किशोर
फलों के मन तक। ढुके हैं पूरे वृक्षों पर।
खोंचों के खिलार, उलझते न कभी। गुलाबी
न्योजियों में कृष्ण डैने देखना इनके।

कुरबार रहे हैं फल, फलों का शर्करा से
लगा मांस। तुमने ही टेरा है न्योजियो!
स्वयं नष्ट हो जाने को, धूल में मिलने।

बिल्ब-वृक्ष

ठाढ़ेश्वरी बाबा जैसा
ठूँठ। शंखचूड़ जड़ में पड़ा
रहता। वैशाख की दोपहर
मैंने देखा शतधा, जीवन
का लक्षण न था। विरूढ़ अर्थ
जैसा वह रूखा सूखा था
किन्तु ज्येष्ठ के प्रथम दिवस
फाल्गुन पूर्णिमा का चन्द्र
भरी दोपहर दिखायी पड़ा।
भौचक रह गयीं पुतलियाँ, भ्रम
भरकर दृग जब देखता रहा
तब टूटा। बिल्ब के बड़े-बड़े
फलों से वृक्ष भरा हुआ था।
उग आये पर्ण इच्छाओं
से कोष-कोष से। हरी हरी
डण्ठलों से जुड़े तीन तीन
पात। पण्डितगण के खिल गये
मन। गन्धों का ऐसा उत्सव
मचा हुआ था कि फूल फूला
सबसे अन्त में। इन्द्रियाँ सब
सन्तुष्ट हुईं। बिल्ब वृक्ष के
आँखभर ऐसे दर्शन हुए।

उत्तरोत्तराधुनिक शिव पुराण-1

जैसे बाती जल जाती है
वैसे मैं जल गयी अपने दीपक के संग
ऐसा ही बताया था

प्रेम करने का
एक ही ढंग आता था मुझे, केवल मृत्यु से ही
प्रेम व्यक्त करना आता था मुझे
शेष तो देह था शृंगार था
भवसमुद्र और मिथ्या था

उत्तरोत्तराधुनिक शिव पुराण-4

(मैना-हिमवत संवाद)

"गहन, काली, नभ को तिमिर से
ढँक देनेवाली
धरण तक झुक आयी हैं मोटे-मोटे मेघों की अनन्त मालाएँ

उसी ओर से उठती हैं
जिस ओर से पार्वती की बारात आ रही है
कहती रही आपको अनेक बार, टेण्ट हाउस वाले से
कहकर पौर पर कनात बँधवा लो
और चँदोबा किन्तु सुना नहीं आपने

कलश लिए कन्याएँ खड़ी हैं
द्वाराचार के मन्त्र रटे पण्डितगण
और बारात का गुल-तुमुल भी अब सुनायी पड़ता है
दूल्हे के द्वार पर आने पर जो यह घटा बरस पड़ी
तो कितनी कचरघान मचेगी, इसकी कल्पना आप
क्या करोगे, पारो के तात"

"मैना, भीत न हो, वह धूम्रयोनि, कृष्ण मेघ
जिसे देख तुम बारम्बार बाहर-भीतर आती-जाती हो
वह तो बरातियों के
गाँजे-तम्बाकू की चिलम का कृष्ण धूम्र है केवल

देखो मानसरोवर से ऋषिकेश तक कैसी अपूर्व
सुवास भरी है
चिन्तामणि को बेटी देकर
अब कौन चिन्ता में जलती हो!"

"हाय, दामाद जी गाँजे-तम्बाकू के लतखोर हैं
भाँग, धतूरा, मनुक्का
मदिरा, अफीम, विष की बूटी भी
लेते होंगे तब तो
अहर्निश मद चढ़ा रहेगा मस्तक पर तो क्या कमायेंगे
क्या खायेंगे क्या सन्तानों को सिखायेंगे
यह पारो ने क्या किया, जिसके लिए गूलर का किसलय तक इतने
काल नहीं खाया
और पति पात फूँकनेवाला पाया"

"साँस मत छोड़ मैना गहरा श्वास भर
गाँजे का कश
सब विवशता हरनेवाला है, लो कंकाल-साँड़-भूत-
राक्षस-डायनों का अट्टहास सुनायी देता है
चलो चलो जल्दी चलो, चन्द्रमौलि की बारात
पौर पर आ गयी"

उत्तरोत्तराधुनिक शिव पुराण-3

वेद-पुराण में नहीं है कथा, घर-गृहस्थी के
चक्करों में कहाँ पड़ना चाहती थी मैं, भोलेनाथ
मैं तो बाणभट्ट की कादम्बरी पढ़कर
निषाद बनना चाहती थी, धनुष, तूणीर और
विषबुझे शर लेकर वन वन भटकना चाहती थी

तुम्हारी जटाओं को देखकर मुझे किसी विहंग के
नीड़ का ही अनुमान हुआ था, नीचे नाग
जैसे नीड़ में
रखे पक्षी शावकों को भखने आया हो

इससे पहले कि मैं चलाती बाण तुम्हारे शत्रु कामदेव ने
चला दिया

अब देखो, अहेरन बनने के स्वप्न धरे रह गये, दिन पूरा
तुम्हारी भाँग घोंटने में ही जाता है, लाओ आज थोड़ी अबेर को ही
सही
दे दो मुझे तुम्हारे तीर और धनुष

इससे पहले कि अवध का राजकुँवर इसे तोड़े
मैं थोड़ी वेला इसे पीठ पर बाँध
वन में घूमती फिरूँ
अब नहीं मार सकती कोई पंछी
अब केवल माँ बनने को मन करता है

वाराणसी में बाढ़

बन्धु रे आपगा में अम्बु अपार
बन्धु रे आपगा में अम्बु अपार

घाट पांक-गारे में लीन
घने पाकुर के श्याम पत्रों में
खो गया बासर, दीन
मंगते पर बीती रात
गिरी गाज गंगा किनार

नाविक की वधू पक्ष्मल
आँखों से रोक रही साई
ऊँची चढ़ी पूर का उतर रहा जल
पंकिल हो गयी क्लर्क बाबू की टाई
गारा छवाके गयी सेठ की मोटर कार

मैं तो चला आया था यूँ ही
रामखबर खोमचे वाले से खाने
भुट्टे के नरम-गरम भजिये
कीच में फिसला, अब खोजूँ डॉगदर
करने को टूटी टाँग का उपचार

डगमग चरण धँसती धरन

डगमग चरण धँसती धरन

था भुवन धान का जलभरा खेत
और अब क्या रहा
बिका धान जल बहा
आँखों गड़ती रेत
शेष अन्वेष अनमन

तब की भूख और थी भात और
अब भूख अगाध, जूठन का कौर
आज टाट हूँ, वह भी खाँखर
रोना अपार और कम है आँखर
देखता हूँ डूबती तरन।

ग़ौर फरमाएँ

हमसे मँगाया उन्होंने इज़ारबन्द मुँह में तम्बूल दबाकर
'लँगड़े आम के रंग का ही हो' बोले गुलकन्द चबाकर

अब बज्जाज हो रंगरेज़ हो दर्ज़ी को कि हो धोबी
सबके दर नाक रगड़ते हैं कि दे दें कोई मँगवाकर

सर्राफ़ा, बम्बई बाज़ार, बजाजचौक और मस्जिद
ऐसी मची है ढूँढैया कि पूछो भी मत हमको बुलाकर

एक धोबिन की कहा ला देगी हमें लँगड़े आम के रंग का
हीले पे अब देती हीले बैठी है दस रुपये मेरे दबाकर

रोते थे बन्दीछोड़ के तकिये पे जो हम सिर को पटक के
तरस खा मौलवी ने ला दिया अपनी बेग़म का चुराकर

तर्कमतर्का ख़त्म होगी सीने से लगेगा अब सीना
बोसा जो माँगा हमने उनसे हरा इज़ारबन्द दिखाकर

बिगड़े बहुत वो, गालियों पे देने लगे हज़ार गालियाँ
फिर रोने लगे ज़ार-ज़ार सब लौंडियों को दफ़ा कर

“लँगड़े आम के गूदे के रंग का चाहिए था इज़ारबन्द
ये मुए हरे रंग से क्या मर जाऊँ फाँसी मैं लगाकर”

तरदामन कोने में हम ठाढ़े रहे मुँह गिरेबान में दिये
वो निकल गये पायजामे के पाओं को उठाकर
इन जनानियों के पीछे तो हम सिर पीट कर रोएँ
अम्बरूँ तू रख लें मीर की तरह कोई लौंडा बनाकर

आमवाली की टेर

ले लो ले लो रसीला मेरा ये आम है
कहीं हरा कहीं पीला मेरा ये आम है
इस आम को खाकर बूढ़े जवान हो गये
बेचकर इसे मँगते भी धनवान हो गये

हाटों में जब ये रहे हाट सराफ़ा लगे
फल के टोकरे पर सजा हरा साफ़ा लगे
रस चूता खाओ तो होंटों के कोरों से
इसके रसिक हैं राजा, सेठ तक चोरों से

इसमें दाँत धँसाओ सुखबदन याद आवें
सेज पर तश्तरी में सजाके आप खावें
खाते देख देवताओं का जी ललचावें
चुपके चूसो गरमी में जो मन घबरावें

चातक, सालिम अली

चातक :

सुरजने के पेड़ को बनाने में
इस जंगल को कितने दिन लगे होंगे
सुरजना तो तुम्हारे घर के आगे भी
लगा होगा
अमरकण्टक सुरजना जल्दी बना लेता होगा
जंगल को देर लगती होगी
जंगल
बहुत देर से बढ़ते हैं आदिवासी बच्चों की तरह
लेकिन
सुरजने की फली जंगल नहीं बना सकता
भले कितने दिन भी दे दिये जायें उसे
सुरजने की फली सुरजने का पेड़ ही बना सकता है
तदनुसार केवल सालिम अली की माँ ही
सालिम अली को जन्म दे सकती है

लेकिन
चातक होने पर भी
मुझे भूरे सतभाइयों ने पाला है
क्या तुमने कभी
शीशम कुंजों में उड़ते सतभाई पक्षी देखे हैं?

प्रिय चातक, आकाश जो इतना विस्तृत प्रतीत होता है
इसका विस्तार केवल तुम्हारे पंखों से जुड़ी
मांसपेशियों की निर्बलता में है
स्वतन्त्रता भी मांसपेशियों तक आते ग्लूकोज़ से ज़्यादा नहीं

चातक :

तुमने कभी पक्षीविज्ञान की पुस्तकों में
पारिभाषिक शब्दों के परिशिष्ट पढ़े होते
तब जानते यष्टिसाद चातक जो देखता रहता है
धाराधरों का धोरण– पूरे शीतकाल और पूरे ग्रीष्म
यदि मुझे धारारेखी डयन के समय न देखकर
तुम देखते किसी वृक्ष के ऊपर
तब जानते
न पंकनटिनी मछली की आँख
न पश्चजल का सेवार मैं खाता हूँ
मुझसे जल इतना दूर है
जितना निषाद के मन में हंसद्वय का प्रेम था
अहेरकाल
क्या तुम जलाक्रान्त इस प्रदेश में
प्यासे प्रतीक्षारत चातक को आषाढ़ के
प्रथम मेघों का जल पीने का समय न दे सकोगे,
सालिम अली

और थोड़ा निकट आ जाओ
ध्यान से देखो मेरे कण्ठ को, जो
छिद्रों से भरा हुआ है और जल पीते ही
वह बह जाता है

किन्तु तब भी मुझे
शाल्मलि के लोमक से बीज चुराकर
स्वाति नक्षत्र के जल को पीने की
जन्म से भी कामना है
'देखो, यह गोडावण कहाँ से आ गया
चन्द्रमा का भ्रम होता है दोपहर में'
सालिम अली के यह वाक्य सुनकर चातक उड़ा
सालिम अली दौड़ते गये दूर तक
और वह पकड़ा गया, टोपी से टपकी
ज़ुल्फ़ से होती हुई नमक से भरी एक जलबिन्दु

चातक की चोंच पर

'छोड़ आया हूँ अपने शावक सतभाइयों के
नीड़ में और तुम भी
जो मुझे सुन रहे थे देर से ध्यान लगाकर
मुझे कर देना विस्मृत मेरे जाने के पश्चात्

जैसे तुमने भुला दिया उन असंख्य पक्षियों का
कलरव जिन्होंने भरी थी अपनी अन्तिम उड़ान
एक छन्द से छटपटाकर टूटती हुई कविता में'

चरित-चिन्तन

पॉलिटिकली करेक्ट होंगे हम राम
हम करेंगे तुम्हारी स्थान-स्थान पर आलोचना
क्योंकि योग वाशिष्ठ की
तत्त्वमीमांसा से कहीं अधिक हमें अब बेचैन करता है
अस्मिताविमर्श

बालि को छुपकर मारा
सीता को अपने चरित्र का प्रमाणपत्र देना पड़ा
अग्नि से निकलकर
फिर उसे गर्भवती करके छोड़ दिया वन्यज़ीवों से
भरे जंगल में
शम्बूक की हत्या कर दी जो राम-राम जपता था

पितृसत्तात्मक वर्णव्यवस्था की संरचना के लिए
तुमने कितने किए खटकरम, इतनी निन्दा के बाद
तुमसे इतना ग़ुस्सा होने के बाद भी
तुम्हें भूल नहीं पाते

अब भी कुछ कोमल शेष है भीतर, जो रामनाम के
जल में यों गलता है जैसे हल्दी गलकर अपना रंग छोड़ देती है
सीता तो दुखों के कारण भूल गयी थी, लंका से लौटते
तुम्हीं ने याद दिलाया था, 'जानकी यह वही स्थान है

जहाँ पर कँटीली भू पर चलते, तप्त पाषाणों पर चलते
जब तुम थककर सन्ध्या से ही सो गयी थीं, मेरे वक्षस्थल पर'
और तुम्हारे वह आजानुभुज सुन्न पड़ गये थे, कन्धा सो गया था,
भीग गया था स्वेद से सुदीर्घ वक्षस्थल, करवट तक नहीं
बदली थी रात्रिभर—चींटियों की पंक्तियाँ अँगुलियों से
कण्ठ तक निर्विघ्न करती थीं यात्रा, कोई भ्रमित शुक
सो गया था जटाओं में थककर

जिसने रोते-रोते नष्ट कर दीं
अपने जीवन की सभी रात्रियाँ अपनी प्रिया के वियोग में

ठाढ़ेश्वर योगिनी

ठाढ़ेश्वर योगिनी के
दर्शन से दंद-दंगलों
का तिरोधान हो जाता
था।

गृहस्थी, प्रणय-कलह और
शय्या की बातों से भी
अधिक भुवनभर पर विचार
होता था उस दत्तदृष्टि
ठाढ़ेश्वरी से। उत्सव
मचा रहता था सब समय।

"ददियाससुर से ठन गयी
थी मेरी। सूतिकागार
से आकर उन्हें जल दे
आयी। मरनखटोले पर
वह पड़े थे। सोंटा दिया
ससुर ने मस्तक पर और
पति ने कुछ कहा नहीं। अब
इनकी भू बैठूँगी मैं
नहीं कभी। निकली बाहर

तो पीठ पर ननद बोली,
जायेगी कहाँ? सब धरण
पुरुषों की, सब जग उनका।

जग तजा और धरती पर
न बैठने का प्रण लेकर
बीहड़ों में भटकती हूँ।"

सदैव भूल जाती पूछ
लेना ठकुरानी उनसे
फिर सन्तति का क्या हुआ?

"गुरुजनों ने बतला दिया
सन्तान और सुवर्ण का
भार नहीं होता तब तू
उसे मान बैठी मूरख!"

हंजाबाई और चन्द्रमती देवी

(मालवा की प्रसिद्ध मध्यकालीन लेस्बियन युगल हंजाबाई और चन्द्रमती देवी पर आधारित कविता। इन दोनों की दरगाह माण्डव में है।)

ग्रीष्म के लम्बे दिन कुरंगों के पीछे दौड़ा बाघ
बाघों पीछे घुड़ला, ऐसे में, हेली सुनो तुम
लगा दो किवाड़ सभी, खिड़कियों ख़स की चूती जालियाँ।

दो बाँहों से धकेल दो बारह चित्रभानों को।
फिर मल्लिका के तैल के दीपक जला खाट के निकट।
हेड़ दूँगी सब वसन तब तक। जलधरों से आच्छादित
खिल चुके कुमुद सा भग; नवपल्लव जैसे करतलों
के स्पर्श को कैसा घाव जैसा संवेदनशील
हो गया है। भुजान्तरों में भर लूँ तुझे कसकर मैं।

इससे पहले भर्ता लौट आये आखेट से, इससे
पहले कि पाँव लगने से गिरे आँखों पर दीपक।

कोई नहीं, कोई भी नहीं

रामघाट पर शिप्रा शिप्रा में
दसनामी अखाड़े के कुंज
में अमरूदों के, जब तुमसे
मिलने आता था बीच मई

दोपहर की द्युति प्रथमतया
प्यास में बदलती गले में,
फिर कामना होती। विलम्बित
ताल पर प्यास कामना ही
थी। तुम अवन्तिका का सबसे
मीठा सबसे अधिक मलाई
से भरपूर दही का कुल्हड़
अपने मन से लगाये हुए

खड़ी होती प्रतीक्षामग्न
पिपीलिकाओं से भरे एक
ठूह के पास। चम्मच लाना
भूल जाती। करतल से दही
खाना पड़ता प्रतिदिन। तब तक
द्युति वैसी ही चण्ड रहती।
यद्यपि लू के कारण निर्जन

रहता था कुंज।
बंगाल की
खाड़ी के भीतर पावक सी
कामना इतने अधिक जल के
होने पर भी बुझी नहीं थी।

वह हिंसा ही तो थी। प्यास
और क्लान्ति के कारण तुम
डगमग कैसे पहुँची होंगी
अपने निवास, जानता कौन?

कोई नहीं, कोई भी नहीं।

काला पलाश या सार वृक्ष

मण्डला जाते देखा था, गोंड तरुण दो-
तीन मिलकर काट रहे थे फूलों से भरी
मोटी डगाली। जो पुष्प सूर्य का चुम्बन
करते थे श्वेत पड़ गये थे। भीतर लगे
नये पुष्प पीले से गुलाबी पड़ते; लगे
हुए थे भगवा डण्ठलों पर। उस पक्के पथ
यातायात अधिक न था। जब काष्ठतस्करों
ने नष्ट किया था पार्श्व फूलता संगी
काला पलाश तब उसकी प्राच्य प्रशाख में
रहते मदनगोर सुग्गों के कुल ने हल्ला
किया था, वृक्ष तब मौन था तो आज सग्गड़
के जमोट को एक डाल देने में कटती
डाल से चू पड़े फूल गोंड बालकों के
ऊपर। 'जाओ ले जाओ। गोंद, मधु, अर्जुन
की छालें, मन्दार भरकर जाना ज़िले के
वनमेले में या बना लेना भग्न छत का
टेका किन्तु वहाँ बनाने देना पण्डुकों
को नीड़। वह वन आते भर उठते हैं भीति
से।' भस्मगर्भक की काष्ठ शय्या—पण्डुकों
की रात्रिभर रति से कट चुके उस वृक्ष को
बहुत अनुराग है लालसा भी कितनी शेष!

नाट्यविद्यालय की छात्रा

रंगमंच पर विविध पात्रों के अभिनय करने के कारण
अनेक कलाओं के ज्ञान से
वह विभिन्न स्वरों में बोलने में निपुण थी

ग्रीष्म की दोपहरों को
पार्श्वद्वार पर आकर पुकारती, उन दिनों
उसके नाट्य विद्यालय में अवकाश होता था

कहती, 'मैं गणिका बनती हूँ, तुम चारुदत्त निभाओ
जाओ, उघाड़े शरीर आओ, तब द्वार खोलना'
मैं चारुदत्त की भाँति निर्धन किन्तु धीरोदात्त था
किन्तु वह गणिका की भाँति कामकेलि में निपुण न थी

फलों से झुके वृक्ष जैसे परिजनों से भरे गृह में
कपोतयुग्म हो यों पार्श्वद्वार अटकाकर, गहता उसे
तब, 'यहाँ नख लगा, हाय हाय दाँत गड़ा गहरे
कस लिया स्तन, क्या पशु हो तुम, न, हटो परे, जाने
दो, साँस फूल गयी, पाँव में बाऊठा आ गया'

ऐसा सुनते इस चारुदत्त ने अपने युवादिवस बिताये
इसलिए अब कवि बन गया
दुख की, दर्शन की, दैव की कविताएँ लिखता है।

एक अन्धे चित्रकार की कविता

वह पश्चिम के ताक पर रखी चिमनी जला रही है।
राग का दीपस्तम्भ पण्डित ने यहाँ दीवटों पर
प्रज्वलित कर दिया है। रेवा की तटियों टंकारें
जो हुई है रुद्रवीणा पर निश्चय ही दीपक है।

टंक समय के घुप्प मेचन में नक्षत्रों की दीप्ति
दे ही क्या सकती है किन्तु देती है। जगमग से
जागरित हो जाता है जगत।

निकट जा, आसावरी
की भाँति जो नाग गुच्छों से खेल रही है; ऐसे
केश कंघे से काढ़ती है दीपावली सन्ध्या।

उसकी पिण्डली पर अमा की निशीथवेला दाँतों
से उज्ज्वल अर्धचन्द्र, देख, बनाऊँगा, यों मैं
आँधर में दीपक गाऊँगा। राग दीप गाऊँगा।

चन्द्रमा की हेयर-पिन

बता दो भोलेनाथ,
कालिदास से छिपा गये,
कर गये कपट।
छोड़ूँगा नहीं मैं।
विजया घोंट जो तुम
यह ध्यान धरने का ढोंग कर रहे हो—
मैं नहीं आने वाला
तुम्हारे इस छन्द में।
कवियों में मत्तगयन्द हूँ मैं।
भोलेनाथ, सीधे-सीधे बता दो।

तुम्हारे गृह भी बिजली का
कोई ठिकाना न था। आती थी जाती थी।
जामुन के रस जैसा
सीताफल के बीज सा
उमा के केश-पाश के भीतर है
जो—वैसा
तिमिर था। इतना तिमिर था प्रभु!
कि देखने को जी भर जीवनभर
एकटक, एकाग्र माता पार्वती का मुख
तुमने खोंस ली अपनी जटाओं में
चन्द्रमा की हेयर-पिन

क्यों क्यों व्योमकेश
उजाले में तो सब सुख है
अन्धकार में ही तो है प्रेम का सुख
तब क्यों हेरने को अनिमेष मुख
तुमने अर्ध-चन्द्र
की लगा ली क्लिप

यू परवर्ट--माय गॉड
क्या उन दिनों हिमालय में
धारासार बरसते थे धाराधर
क्या उन दिनों
आषाढ़ में इतना अन्धकार था
जितना है
देवी के दो स्तनों के बीच
कि
वहाँ नहीं स्थान
धरने को एक कमलनाल,
एक सौदामिनी भी।

इच्छा

फेरो न मुख देखकर
निकट आओ, बतियाओ
मैं माँगूँगा नहीं कुछ
बैठे एक दूसरे की छाँह

आँखों में डालो आँखें
बिताओ रात, खाओ
मेरे घर का भात
इससे अधिक नहीं चाह।

इच्छा-2

चन्द्रमा घिसकर नतोदर काँच बना दूँगा
उसके चश्मे का, चाहता था
धूल और पसीने से भरा
मुख, शाम जब लौटोगी तुम
चौंक जायेगा
सूर्य की प्रदक्षिणा लम्बी चाकरी
के बाद जब भी लगा गले तुम्हारे
तुम्हें सूर्य के कुण्डल पहनाने की
इच्छा हुई
इच्छाएँ सोने के हरिण सी
भटकाती रहीं सदैव
नींद नहीं आयी पूरी-पूरी रात
तुम्हें संसार के सब सुख देने की
इच्छा से आकुल हो होकर
मन हुआ कभी अचानक ही
पूछूँगा तुमसे
'तुम्हारी क्या इच्छा है?'
किन्तु पूछ न पाया
और एक दिन जब कन्धे पर तुम
सिर हल्के से मार हँसी थी मुझे
चन्द्रमा खोखे का खिलौना लगा
और उड्गण धूर।

पानी

आलोकधन्वा, प्रभात की
पानी पर कविताएँ
पुल बन गयी हैं। पूछूँ यदि तुमसे
तो तुम कहोगे नाँव। आजकल बहुत ऊपर से
निकल जाती हैं रेलगाड़ियाँ। हवा बीच ही भख
लेती है—
गर्भवती का वमन
तर्पण का कलदार

तुम्हारे घड़े में कितना जल है, सुनो
तुम्हारे लोटे में कितना?

मेरे एक अध्यापक हैं श्रीमान भूतनाथ पाण्डे
होशंगाबाद में नर्मदा के घाट रहते थे पहले
सुनते हैं—एक उलाँक जल में रह रहकर
कोमल पड़ गया था जिसका पाट
माट्साब के पाँव धरते ही
हिलसा हो गयी थी।

मानोगे क्यों तुम! गल्पकला कहोगे
किन्तु यह
पानी जितना ही सत्य है बन्धु!

पानी-2

भीतर जैसे मूँगे की बेल
फल गयी हो।

इतना भर गया था
कवि के फेफड़ों में जल, रोज़ अस्पताल
में नली से निकलवाने जाते स्कूटर पर।

ग्रीष्म के दिवस, शिप्रा बस गोड़डुबान
लोटा भर पानी भी स्वप्नवत् लगता
फिर एक समय
जल के सभी लक्षण प्रकट हुए कवि पर—
मत्स्य, नौका, कलश, धान
और पिपासा

एक समय कवि अँजुरि भर जल
रह गया जग में।

गुरु के लिए

गुण्टर ग्रास सरीखी मूँछें, तोटक मुनि की
चुटिया वाले गुरु के प्रथम दर्शन हुए थे
सन् दो हज़ार नौ में। मुचकुन्द तरु की छाँह
में बैठ महाविद्यालय में, तुम पढ़ते थे
इक़बाल का दीवान। सूरज उस दिन काँसे
की मँजी लुटिया सा झलमलाता था। 'आओ
प्रातः आठ से पहले', कहा। संगत रंगीन
थी, रात्रिभर जाग जागकर लगा रहता था
एक स्त्री के संग। उषा नहाकर तुमसे
मिलने दौड़ा-दौड़ा आता। एक ही कथा
तुम पुनः-पुनः सुनते मुझसे प्रतिदिन। कहते, 'हर
दिन कथा नयी हो जाती है। रूपवती है
शृंगार प्रिय है इसे। बदल लेती है रूप प्रतिदिन।'

इस भवसागर को कौन दो एक ही
नाव खेते पार कर गये! तुम्हारी नाव
से उतर दूसरी नाव की हमने। हमारी
तरनि भीड़ बहुत है। उलार सो अलग। गुरुजी
तुम्हारा चेला, कौन बताये, पार लगा
पायेगा नाव कि डूब मरेगा सरस्वान
बीच। देखो, दिगन्त पर वह झंझा चढ़ी है।
समुद्र के ऊपर वहाँ धूला उठता है, गुरु।

प्रेमकविताएँ नहीं

दूसरों को बताते थे कि हम चचेरे भाई-बहन हैं
मगर एक दूसरे पर हम मरते थे बीवी-शौहर की तरह
उसके लिए एक मुसलमान नाम रखने को
मैंने सोचे थे कई नाम, मीर सबसे घिसा-पिटा था
उसने कहा; और सुझाया 'ख़ुर्रम'
प्यार से वह मुझे
ख़ुरमा पुकारती थी
मैं उसे शीरीं कहता हालाँकि उसका नाम शमा कजलबाश था

बच्चा जो अभी पेट में आया भी न था
उसके लिए कश्मीरी डलिया का पालना बाँध लिया था बिस्तर के सिरहाने

उसके जाने के बाद मैंने प्रेमकविताएँ नहीं लिखीं कभी
उसके जाने के बाद मैंने उम्र काटी बहनों को शकरपारे तलते हुए देख
उसके बाद मैं महू से बम्बई चला आया जैसे आगरा-बॉम्बे रोड आती है, जिसे सब पहचानते हैं
मुहब्बत कोई नहीं करता।

मास्टर भूतनाथ का दाम्पत्य

धने की सुगन्ध से घर भरा है जैसे धने के कुएँ
से घर का घड़ा भर लिया हो भूतनाथ की उमा ने।
ओखली में भरकर कूट रही है, इन्हीं करतलों के
छूने भर से जो जीवन जागरित हो जाता है, यों
अमृत की डगालियाँ हैं भुजाएँ, धमधम धना कूट
रही है।
रात्रिकाल जब सो रही निकट तो ऐसा लगता था
धनिए की फुनगियों के ढेर के निकट सोता है
भूतनाथ। वस्त्र के बटन खोल देने पर इसी सुगन्ध से
जाने कौन वाणी में बजने लगी सिरा सिरा की टकतन्त्री।
मुख झुका लिया, देर तक कहा नहीं एक शब्द भी।
तब आँखें भर आयीं, कहा, 'माता जी ने जाने नहीं दिया
स्नान के लिए, कहा, ठार में अन्धकार होने पर स्नान से
पँसुली पर पँसुली चढ़ जाती है।' नयन फेरकर पड़ गयी।
भूतनाथ ने पँसुली गिनने के मिस अँगुली गोंचकर उसे
हँसाने का प्रयास किया। थोथा गया। वह रो पड़ी।

सफ़ेद कौरैया

साल वृक्षों के घने में सड़क के किनारे
जाओ तो कोमल परिमल से भर उठेंगे
नासापुट और माथा। 'एकमात्र धौरी
कौरैया है यहाँ' वन गिर्दावर बताता है।
लो भर ज्येष्ठ में ऐसा प्राण देखा
नहीं। डगालियाँ की डगालियाँ भरी श्वेत
कुसुमों से। गिलगिलिया छुपकर कहीं बोलती है।
इसके बीजों को इन्द्रजौ बताते हैं–
गिलहरियाँ बीन बीनकर खा रही हैं। घने
वन से लौट आने पर इसके निकट कैसी
धूप सी अनुभव होती है। हजारीप्रसाद
द्विवेदी के ग्राम दुबे का छपरा में भी
था क्या यह जो वह इस पर निबन्ध कुटज लिख गये।
आकाश इसके पत्तों से यों दिखता
है जैसे मेघों में यक्ष को ज्येष्ठ की
पीठ दिखी होगी। जला डालनेवाली पर
विप्रलब्ध में शीतल इसलिए उसने इसके
ही पुष्पों को करतलों में भरकर उस ओर
उछाला होगा।

शिवालिक में होता होगा
ऊजड़ का ऊजेर। मध्यदेश में तो घने
वनों में ऊँचा बढ़ता, नाटा नहीं रहता है।
तुम बढ़ो आगे, मुझे यहीं इसकी छाँह
में गाढ़े में राग की कविता बनाने दो।

घुड़चुईवा का आदिवासी

घुड़चुईवा है घर। काले काले पाँव के
नीचे तलवे चन्द्रमा जैसे जगमगाते
हैं। ढेलवाडीह कोल खदान में मर गया
क्या? पाँव एक के ऊपर एक रखे हुए,
शववाहिनी में सो रहा है। बीच में पड़ा
घुड़चुईवा ग्राम जाते राजनाँदगाँव
अम्बिकापुर से। वहाँ वन था। नीची नीची
पुलियाओं पर जल था, घड़े भी घुड़चुईवा
के आदिवासी गढ़ लेते थे। धान कम था,
भूख अधिक नहीं थी। कौन जाने जीवित हो,
ऐसी बातें देखनेवालों ने कहीं। यों
शववाहिनी में सोता आदिवासी मृत ही
दिखता है, ड्राइवर रेडियो सुनता था। अब

ढेलवाडीह से घुड़चुईवा के बीच की
दूरी जितनी देर उसकी पत्नी रास्ता
देखेगी उसका। बच्चे खेलते रहेंगे
गिर चुके वृक्षों के ऊपर। उतनी ही देर
तक उसके तलवे जैसा चन्द्रमा दिखेगा
सुन्दर घरभर को फिर चन्द्रमा से तलवे हो
जायेंगे असाध्य; भात और पढ़ाई भी।

धूल की जगह, महेश वर्मा

मुझे विश्वास है इसी धूल में आपकी कविता का
कर्णफूल गिरा होगा, महेश वर्मा
रायपुर से अम्बिकापुर के बीच मिली धूल ही धूल

साल वृक्षों के ऊपर जो चन्द्रमा दोपहर तीन बजे से निकल आया
था, उसे रात्रि साढ़े बारह बजे भी देखना कठिन था अगहन की वायु
में वह धूल इतनी शुद्ध और उज्ज्वल हो गयी थी
चढ़ी हुई जल, रास्ते और मन ने ऊपर

इसी धूल से बनी हुई हैं कविताएँ इसी धूल से
मनुष्य, इसी धूल में कर्णफूल घुल जाने पर यह बहने लगी होगी
उत्तरवाहिनी गंगा की भाँति
इस धूल से भरकर अम्बिकापुर में फ्रांसीसी फ़िल्मों के प्रेमी सी
सुनील के स्नानगृह की गुलाबी छत
और उखड़कर बाहर आया चूना घुमड़ते हुए जलधरों जैसा दिख रहा था

'क्या इस धूल से तालु और कण्ठ भर जाने पर ही
चुम्बन सम्भव नहीं थे शेष तो केवल कविता के विषय ही थे कविता कुछ
भी नहीं थी' ऐसा कहते ही हमने वह सुदीर्घ किन्तु दुर्गम यात्रा की थी

इसी धूल से नहाये थे आप जब आपकी पत्नी ने आपके लिए दरवाज़ा खोला था घर का
जहाँ धूल से अधिक कुएँ में काली मिट्टी और किसी अज्ञात वृक्ष की छाँह थी

इसी धूल का फल खाने मैं आया हूँ हज़ार मील दूर से

माघ में मेघ

गड़ियाहाट में घिर आये मेघ
बरौनियों तक।
पहले पड़ी बूँदें धीमे

कदम्ब के फूल जैसे
कोई जम्बुक तोड़-तोड़ कर फेंक रहा हो।

तब अचानक
जैसे ही वह मुस्कुराती
बाहर निकली ख़रीदे सेर भर मिठाई
कैसे ज़ोर से पड़ी बरखा।

देखते-देखते उसकी कलफ दी
साड़ी हो गयी सोरबोर।
सिन्दूर नाक के किनारे किनारे बहता
जामुनी ब्लाउज की सफ़ेद-किनोर तक बह आया।
केश भींज कर नागों से भारी
हो गये।

अंजन की रेखाएँ फूल आयीं
जल में।

‘लगती हैं यह बूँदें मुख पर
जैसे कंकर हो’

कहकर पतरे की आड़ में खड़ी
हो गयी मेरी प्यारी

भीजे बाज़ार की गन्ध से भरे थे नासापुट
भीजी, धूजती, मुग्ध वर्षा से
चूमता कैसे उसके नयन
भरी हाट में, चूमता कैसे उसके
वचन
भरी दोकान के बाहर।

असगरी बाई के ध्रुपद का मुक्तिबोधीय विश्लेषण

माचिस जलाने की आवाज़, बीड़ी जलाने के
ठीक पहले—जब आप पॉकिट से
माचिस की डिब्बी निकालते हैं तब
तीलियाँ बजती हैं फिर माचिस खोलना
पूड़े के घर्षण की आवाज़, तीली के
रगड़ खाने की आवाज़, फास्फॉरिस के
सुलगने की फुसफुसाहट
जैसे पूरा राग है माचिस के जलने का
हालाँकि इसे अब तक संगीत के लिए
माननीय भारतीय सरकार ने कोई तमग़ा नहीं दिया—

राजनाँदगाँव से दुर्ग तक आती थी असगरी बाई के
ध्रुपद की ध्वनि, हवा तो हरगिज़ नहीं
ला सकती थी वह भारी और ताल की
ज़ंजीरों से जकड़ी गमकें, तनी हुई
तपती तानें और सन्निपात के आलाप
चील शायद मरे हुए चूहे की तरह
ले आती होगी—उनके ध्रुपद की ध्वनि
यहाँ तालाब के ऊपर और हमारे भूतख़ाने
(जिसे पत्नी भूतख़ाना कहने पर नाराज़ होती है)
पर फेंक जाती होगी

तुम बताओ यह संसार तुमने कितना बनाया—
बना बनाया मिल गया यह संसार तुम्हें बनी बनायी भाषा
सबकुछ आदर्शों और स्वार्थों से भरा

पेशाबघर तुमने बनाया
वही अधिक था सुन्दर वहाँ अधिक था दर्शन और विचार
तुम्हारे संसार से अधिक सुन्दर हैं तुम्हारे पेशाबघर
यदि कहूँ तो घृणा से भर उठोगे तुम

कहोगे विचारक बनने के लिए
आजकल अजीब बातें करता हूँ मैं लेकिन विचार
बना बनाया नहीं मिलता उसे बनाना पड़ता है

जैसे पेशाबघर बनाने पड़ते हैं
उसे रखना पड़ता है आबाद जैसे हम
पेशाबघरों को आबाद रखते हैं और छोड़ देते हैं
पुस्तकालयों को गिरने के लिए टीले पर

असगरी बाई के ध्रुपद की ध्वनि
तुम्हारे लिए उसे बनाना मुश्किल होगा
क्योंकि वह गिरी थी चील के पंजे से
तुम्हारी सजी हुई भोजन की थाली पर

और उस रात तुम भूखे ही उठ गये थे
उस रात तुम केवल पानी पीकर सो गये थे।

काशी की मेरी एक पूर्व प्रेयसी का पत्र

गंगा तक भी पहुँच नहीं पाओगे
कवि तुम मरोगे काशी की किसी कीचभरी
अँधेरी, खुलते हैं जिस ओर पुरानी चाल के शौचालय
मन्दभाग्य गली में

इसी गली के दायें से दूसरा
जो गृह है भारतेन्दु की गुप्त रखैली का
इस भवन के सरिए हिल चुके हैं
बारियाँ खोलो तो छत हिलती है
हिण्डोलों की तरह
यहीं पर कितनी रात्रियाँ
छुपकर अपने पति से, सास-ननदों से,
जेठ-बहनोई से, मोदी के भक्तों से
कांग्रेसियों से जो ख़ुद को वामपन्थी बताते थे

मैं आयी तुमसे मिलने—कोई बूढ़ा
इसी गली में ठीक उसी समय जब मैं आती थी
न जाने क्यों बजाया करता था राग श्री

सुनकर ही हृदय उचट जाता था
एम.ए. हिन्दी में पढ़े अभिसारिकाओं के सब
प्रसंगों से

कान ऐसे लाल हो जाते जैसे किसी पूर्व प्रेमी ने
उमेठे हों; जान मैं तुमसे मिलने आती हूँ
और कानों को छूते मेरे कज्जलपेटिका से नयन
कभी इधर देखें कभी उधर
शुकदेव पण्डित की चेली की तरह

दूर, पान खाता कोई शराबी समझता
हाव-भाव दिखा रही हूँ उसे
कहता, 'ताल ऊँची नीची आगे पीछे है बिटिया'

जो अपने-पराये वाक्य में भेद नहीं करता
जो आभरनों को जल्दी से जल्दी
उतार देना चाहता हो
जो इतना लठैत हो कि वस्त्र खोलने में
तनिक भी देर न करता हो

जिसे उल्लुओं और चमगादड़ों से भरे भग्न भवन में
एक दोपहरी नये ख़रीदे वेनिस के दर्पण के ऊपर
अपने मोबाइल से आलोक कर
चुम्बन लेने और अपनी स्त्री के नितम्बों को
रामलीलावालों से चुराये गये लीलाकमलों से
प्रताड़ित करने में

कोई लज्जा न हो, वह हो नहीं सकता कवि
जिसके लिए मेरा अपने देवताओं जैसे पति से
छल करना, जिसके लिए अपनी सन्तति को
सोता छोड़ आना, उससे मिलना
केवल कविता का विषय हो

और वह ढीठ, मेरा नाम—पति सहित मेरा नाम
'कविता केशव शुक्ल' लिखकर कविता बनाये

और उसे प्रेमचन्द की पत्रिका में प्रकाशित करें
वह हो ही नहीं सकता कवि
और इस प्रेमचन्द की ऐसी की तैसी।

फेफड़ों का रोग

धोबी के गट्टर में नील जितनी रह गयी थी
प्राणवायु, वज़न 85 से 56 किलो हो गया
शरीर था छह हाथ का, जितना शरीर का
वज़न घटा हृदय उतना ही भारी होता गया।

65 प्रतिशत जल है मानव शरीर ऐसा कहते
वह, अधिक पियूँगा पानी तो पुनः हो जायेगा
वज़न 85 का 85। तुम तो तैराक थे मामा फिर
कैसे डूबने डूबने को हो ऐसा लगता है तुम्हें?
जब पृथ्वी, यह वायु जल हो जाये किसी के
लिए, साँस लेना मुहाल तब वह कैसे करेगा
तुमसे संवाद, तुम्हारी कविता कैसे पढ़ेगा!

और कविता हमेशा शोक ही रही मेरे लिए, रस
उनके फेफड़ों की तरह शेष नहीं था थोड़ा सा भी।
एक दिन तबीयत बहुत बिगड़ गयी, खिड़की तक गये
और गिर पड़े अचेतन। मामी घबरा गयी, नोच डाले
उनके कुर्ते के बटन जैसे कोई तोड़ लाता है प्रेम में
तारे। अस्पताल ले जाना पड़ा। लौटे तब मामी के
चौले में लग रही थीं छोटी-छोटी कलियाँ और
सुआ उग आया था तुलसी के गमले में। उन्होंने कहा,
'तुलसी के सब फूल भिन्न-भिन्न होते हैं एक ही पौधे के

हों चाहे। ऐसे ही जीवन, रोग, उनके लक्षण भिन्न-भिन्न हैं।'
मित्र के साथ गया था जब उनसे मिलने तब उसने
कहा था, 'तुम्हारे मामा मणि कौल जैसे दिखते हैं' उसे मैंने
बताया वहीं खड़ा होने का प्रयत्न करता—सतह से उठता
हुआ आदमी

खेजड़ी

गह्वर गात्र, गुढ़े पर एकाकी, गूढ़ है।
छाल पीकर अनेक गहेले जिनका मानस
भटका करता था, ठीक हो गये। गुडाकेश
का गाछ इष्ट। इसकी छाया अन्धकार में
श्यामलप्रिया सी उष्ण सूर्य में शीतल
होती है। बहुत से गृहासक्त गरुड़गण वह
भीमकाय, भीषणरूप किन्तु इसके इतने
सुकोमल पुष्प पर सन्तुलित, घात लगा गुहा—
गह्वरों में नागों पर, बैठे हैं। पर्ण इस
वह्निवृक्ष के ऐसे प्रतीत होते जैसे
जल में गाँठ लगाकर इन्हें गढ़ा गया है।

गर्भवती सा जीवट है—इस वृक्ष की जड़ें
तीस-चालीस हाथ नीचे से खींच लाती
हैं जल। मरु के दग्ध, चतुर मनुज भीतर भूम
के जल है गहरावे में ऐसा जान लिया
करते हैं इस गल्भ गाछ को खड़ा देख कहीं।

स. ना. जब तुम जेल जाओगे

44 इंच वर्षा के बाद, जब कार्तिक
आयेगा और गेंदे के फूलों जैसे बल्ब
भर देंगे शामें जब खादी ग्रामोद्योग के मेले लगेंगे
और हिन्दी पुस्तकों की प्रदर्शनियाँ

ऐसे उत्सव के दिनों में, जब तुम
जेल जाओगे
तब तुम मत होना हताश

दूर, बहुत दूर होगी जेल
और वहाँ महात्मा गाँधी की तस्वीर लगी होगी
वहाँ छोड़ गया होगा शायद तुम्हारे लिए
कोई पेरोल पर छूटा बन्दी
सच्चिदानन्द हीरानन्द अज्ञेय का उपन्यास
शेखर एक जीवनी
सींचने को अमरूद का एक बालक वृक्ष
रोटी बाँटने को गाँव से भटककर
जेल में पली बिल्ली

तुम मत होना हताश, ऐसे समय में
जब दूर से भक उजाला करता हैलोजन लैम्प
निकट आने पर उड़न-गुब्बारे में बदल जाता है

जब हत्या मरनेवाले के लिए
सबसे सरल रास्ता लगती है, जब किताब
जलानेवाले तक हो जाते हैं इतने निराश
कि उन्हें अब कोई किताब जलाने का मन नहीं करता

तब तुम मत होना हताश, साथी
क्योंकि लिखने के लिए जेल जाता है जो
ठीक कार्तिक के मध्य, घर की होती पुताई छोड़

उसे जेल का खिड़कीवाला कमरा मिलता है
जहाँ से गाँधी जी ने अपने जर्मन मित्र को पत्र लिखा था

उस पत्र में क्या लिखा था वह लिखकर
मैं भी आ जाऊँगा जेल एक शाम तुम्हारे पास।

मेघज्योति

1

'शुकपुष्पा के तरुओं
तक चण्ड मेघ घिर गये हैं।' रीस
गये चन्द्रमौलि शास्त्री;
कहा, 'जामुन कहने भर से
काम चलेगा। देखो
जामुनरंग जलधरों ने कैसा
उत्पात मचाया है
नभ में।' मेघज्योति से जग
प्रकाशमान क्षण के
सौवें भाग में ज्यों उपनिषदों
की पोथी से धूमिल
मन। उस पर भीषण घोष यों
दिगन्त ढोने वाले
हाथियों ने फूँका हो आकाश
का शंख। टप टपाटप
जामुन जितनी बड़ी बूँदें
मुख पर पड़ीं। टापरे
की ओर हम भागे। रटते हुए
अमरकोश के पन्द्रह
के पन्द्रह मेघों के नाम।

2

वसन्त में पर्जन्य छा गये।
मोटी मोटी बूँदें पड़ती
हैं। अभी प्रहर भर पहले तो
धान सी धूप भरी थी हवा
के कनस्तर में। धूला चढ़ा
था ऊपर ऊपर तक। देखो
अब बौरों से भर गयी कीच।
खुल गया व्याल-झुण्ड सरीखे
तुम्हारे केशों का खोंपा।
आँध भर गया आँखों आँखों
के किनारे। रह पुतलियों में
गयी थोड़ी-थोड़ी दीप्ति।
कुसुम्भी साड़ी भी हो गयी
सोरबोर। टपरे से धारों
बहते पनाले से भर रही
है युवा चन्द्र की लघु लुटिया।

रूप

विरोध करता हूँ मैं,
सदैव रूपवाद का
किन्तु बँध गया रूप
से तुम्हारे। लगीं सदा

ही मुझे तुम ज्यों अर्थों
में अर्थों की तहें। भरी
तब भी अभिधा से। ज्यों
हो बिम्बित परस्पर
दर्पण दो। निराला की
कविता पढ़के मन
में भीग हल्दी गाँठें
होती कोमल हैं, दृगों

में छाँह छवि की वैसी
हैं तुम्हारी। असंख्य हैं
ध्वनियाँ मन में। मिट्टी
की हाँडी में हुई पक

पक के गाढ़ गन्ने के
रस की खीर। प्रेम भी
मेरे भीतर वैसा ही
जलता है, सुनो तुम।

मूढ़मति मैं

जल में हिलती क्षिप्त
मन के छवि। वीचियों
में लावण्य घुला ही है
दिनों से। तुमने मथा
विक्षेप में पड़ा चित्त
भी बार-बार। बिम्बन
सूर्य का स्थिर जैसे हो
एकाग्र कुण्ड में तुम
वैसी लोलमना हो। जो
बड़ी स्थिर प्रतीत तो
होती है किन्तु होती हैं
पकड़ से सदा परे।

मैं मूढ़मति मोहों में
पड़ता हूँ। निरुद्ध क्यूँ
वृत्तियाँ हो नहीं पातीं?
रहता है बना भ्रम।

पौष की पूर्णिमा

धूल धँस चुकी भू में
स्वच्छ हैं शिव की जटा।

निकट आ गये तारे
करों से दूर थे सब।

चन्द्रमा थिर है जैसे
माँजकर कमण्डल
भर लिया सुधा से, है
रात्रि लम्बी। हवा थिर।
सुनायी पड़ते भैंसों
के श्वास। सो रहे सभी
प्रानी। भुवन तीनों में
जाग कोई रहा यदि

ब्रह्मराक्षस अश्वत्थ
वृक्ष पर। दरी पर
भूतनाथ। शिराओं में
मस्तिष्क की हलाहल
चढ़ा जीवन-मृत्यु का।

फ़रवरी

भूले-भटके दिख जाता ढाक
डाक में प्रेमपत्र बढ़ जाते।
वह दिखने लगती कुछ और अधिक
श्याम, आम सी श्याम
और आम मंजरियों से पीला पड़ जाता

जो दिनभर झड़-झड़ कर
उसके बालों में बीझती
मैं उसे नहीं बताता
यह मदन के बाण हैं जो शशकों से
उसके केशों में उलझे पड़े हैं

शायद वह जानती है, शायद वह नहीं
जानती, मैं सोचता रहता दिनभर
आने वाली परीक्षाओं से बेपरवाह

और ऐसे बीत जाता
मेरा पूरा बसन्त।

मुचकुन्द

वन-विभाग के डाक-बँगले में कोई
लम्पट अफ़सर लगा गया था मुचकुन्द के
चार-छह वृक्ष कि पत्तों को डास जागेगा
रात-रात भर इसके नीचे किसी
एनजीओ वाली स्त्री के संग किन्तु फेल
था अफ़सर स्नातक में। वनस्पति-विज्ञान में
शून्य मिला था, रुपया खिलाकर पास हुआ था।
उसे पता नहीं था बरसों डहकता है मुचकुन्द
तब नक्षत्रों से इसके नवपर्ण टकराते हैं।

कहाँ कवि बनना चाहता था
कहाँ वन-विभाग में चाकरी करनी पड़ी।

ब्रह्मराक्षस भी सो जाते हैं। चन्द्र अस्त
हो जाता तब ऊपर-ऊपर जहाँ तक आँख
नहीं जाती, खुलते हैं मुचकुन्द के कुसुम।
चमगादड़ों से पूरा वृक्ष भर उठता है

सुगन्ध की पूछते हो तो ऐसी तुम्हें
उस स्त्री के तलवे पर भी नहीं मिलेगी—
जिसके पीछे तुम पागल थे और नाप डाली
थी आधी पृथ्वी साढ़े-तीन समुद्र जिसके लिए।

यह उसे ही प्राप्य है जो अन्धकार को
पढ़ता है किसी कविता की तरह,
जो अन्धकार को बो लेता है
मन में सीताफल के बीज की तरह।

मुचकुन्द पर कविता लिखना हो तो
बैतूल के वनों में जाना तुम—
जहाँ भवानीप्रसाद मिश्र गये थे।

महुआ

मधु किन्तु मृषा मृषा कहकर मामी को बेच
गया माली महुए का बालक-तरु बता कर
बहेड़े का है। मेधावी विद्यार्थी वन-
विज्ञान का; किराये से रहता था पीछे,
आता बार-बार बताता कि बहेड़ा नहीं—
गुड़ का फूल लगेगा इसपर, कौन मानता!
एक दिन जो आधा फाल्गुन में था, आधा
बैसाख में, देखा मेघमण्डल तक आने
को है मधूक। दल सब छोड़ दिये, गुड़पुष्पों
के गुच्छ के गुच्छ गुँथे पड़े हैं गहगह। ऐसे
गहगड्ड मुकुलों के तिमिर में चौंकी मामी
का मन भी गहक गया। तो क्या जो महुआ यों
देहात में जहाँ-तहाँ फूलता है कि इसे
नहीं देखभाल दरकार। देखो तो सूरज
से पूर्व छोड़ देता है आचमन के जल
ज्यों अपनी सब की सब श्री। वानर, मृग, सियार
बिलौटी—दूर फूलों को भखने को कैसे
मन मचलता—वन में, डगाल पर, अहेर-काल।
ताड़ी की बात नहीं करता लोग समझते
कवि बेवड़ा है। झाड़-फूलों का चिन्तक हूँ।

अश्वत्थ

देखो, छबीला कैसे छाज रहा। गोपाल
मन्दिर के शृंग से थोड़ा नीचे, कन्धे
पर छाया और कीर्ति में जिसकी छवि दीप्त
हो रही—छिन्नाधार फिर भी फूल रहा है।
आषाढ़ के तड़ित्वानों को पी पी। मन्दिर
के बायें जो भग्न भाग है वहीं से काक
खा कर उड़ा होगा शलाटु, विष्ठा गिराता
हुआ; गोपाल जी के दृगों के ठीक आगे—
उनके नाट्य-मण्डप के ऊपर। पण्डित जी
चुप रहते हैं। पुरातत्त्व विभाग के अफ़सर
भी अश्वत्थ उखाड़ते भय खाते हैं। तने
से यज्ञ का चमचा बना लेंगे पुरोहित
जी। छाल उबालकर बहू को पिला देंगे,
जिसकी हिचकियाँ दो दिवस से सतत चल रही
हैं। बेटा गया परदेश, नौकरी लगी है।

अश्वत्थ बढ़ेगा और एक रात्रि सम्भवतः
भादों में—मन्दिर का यह भाग गिर पड़ेगा।
मरम्मत के अभाव में व बजट न पास किये
जाने के कारण। काठ सड़ने से गिर गया
देवालय; आते-जाते पत्रकार गण कहेंगे, तब।
पीपल को दोष न लगायेंगे। छतनारा
बढ़ा करेगा। जरा पौन चलने पर ध्वनि करेगा।

आम

कालि बाबू, ग्रीष्म को ऋतु
रूप में गढ़ना आप ही को
मुबारक। धैर्यवान कोई
सिनेमा वाला यदि दिनों तक
आम के वृक्ष का चलचित्र
बनाये फिर फ्रेमें लैप्स
कर के द्रुतगति में दिखाएँ—
पत्र, बौर, कैरी, पका आम
यूँ चरणों में मेरे भीतर
गर्मियों के दिन भरे हैं, कवि।
आम्र की विविध जातियों के
फलों के मण्डी में आगमन
से पता पड़ता है कि पहुँचा
है निदाघ कहाँ तक और अब
कितनी शेष हैं गर्मियों की
छुट्टियाँ। स्कूल तो तुम कभी
गये नहीं कवि और हो गये
कवि!

तोतापुरी

तिथि एकादशी के स्तन हो ज्यों चिरन्तन
कठोर किन्तु रस में रुचि नहीं। बाबा जब भी
मण्डी से लौटते; उनके झोले में धरे
ऐसे लगते जैसे कोई चिड़ीमार के
चितकबरे पोटले में तोतों का झुण्ड। फिर
थोड़ा बड़ा हुआ तब दूसरा चित्र सूझा
द्वादशी के स्तन लगे तोतापुरी और
इसका वैष्णव के पंचांग से सम्बन्ध
नहीं था। नुकीले, गेंदे के रंग वाले
किन्तु पककर रस से झुके नहीं थे।

चौंसा

लेट-लतीफ़। दशहरी जितना मशहूर भी
नहीं मगर इसका मुलायम गूदा दिलाता
है याद जाते ज्येष्ठ के अपराह्न की
निद्रा। उचटा, ऊबा मन पर प्रिय। गाढ़ा पीला
कवि के ध्यान सा पुष्ट और बस उतना ही
गूढ़ जितनी रति पश्चात आनन्ददायिनी
शिथिलता होती है। दाँत गड़ा देखो देह
पर आम्र-लताएँ फूट पड़ेंगी सहस्र। मन
को मूर्च्छा सा जकड़ता है इसका फल।
शेरशाह सूरी ने देर तक चूसने के
बाद इसे आमों का शाह बताया था तो
क्या हुआ चौंसा को सरकारी प्रमाण की
दरकार नहीं।

लँगड़ा

किसी पुष्टिमार्गीय का अन्नकूट। उत्सव
मचा है हाट में आषाढ़ के बीच। छकड़े
के छकड़े लाते हैं ब्योपारी। सेर भर
पुराएँगे नहीं, डाला भर लाना राग
मल्हार के रंग वाले आम। रस समझने
वालों के लिए तो श्यामा का मन है यह
लँगड़ा आम—बाहर-बाहर श्याम भीतर-
भीतर अहीर के पीताम्बर वाला राग
सराबोर। पता नहीं क्यूँ इसकी गन्ध जब
भी नासापुटों में भरती है याद आते
हैं बहुत मियाँ मक़बूल फ़िदा हुसेन।

प्रेम और परिवार

ओ किशोरी फिर हिलग आयी अपने प्रेमी
छोकरे से तू।
भीगे हैं अजानुविलम्बित
केश। चूता है पानी।
शीर्णपर्णी लता
सी बन्धुरगात्रि खड़ी है अब अधोमुखी उस
किवाड़ के पीछे। सस्वेदिनी धूजती है
काँसे के कलश सी जल में किसी वृद्धा के
हाथ। तात गये मार के माता ने नोचे
दृगों के मत्स्य। छोटे ने खींच दिये केश।
फिर भी फँसा रह गया स्तनों के बीच फँसा
था जो हृदय उसके हृदय में जैसे गिलास
में गिलास। ऊख गाँठों के बीच रसोद्रेक।

अद्वैत मल्लबर्मन का टीबी अस्पताल से आधी रात को भाग जाना

(अद्वैत मल्लबर्मन ने 'तिताश एकटी नदीर नाम' नामक उपन्यास एवं बाङ्ला में अनेक कविताएँ लिखीं। उन्होंने अविभाजित बंगाल में एक दलित परिवार में जन्म लिया था।)

फिर एक दिवस भू पर पग धरने से
मना कर दिया, किसी मूल्य पर पलँग से
नहीं उतरता था, कहता, भारतवर्ष में
जौंक बहुत है

तिताश में तैरते मेरी लँगोट बह गयी
सिंघाड़े के आटे का हलवा बल भया
मेरी आठ वर्ष की स्त्री को नाग डँस गया
दिनभर बकबक झिकझिकी वृथा विलाप
बीड़ी के लिए रुपये देता था
सौगन्ध खाता कि सिनेमा वाली स्त्री से मिलायेगा

एक बालक आता तो था मिलने, नाम कोई धटक वटक था।
बोतल लाता था
दोनों ही पद्मा की रट लगाते 'पद्मा पाकिस्तान भाग गयी'

कोई-कोई निशा टेबुल बजा-बजाकर गाते थे
मुसलमानी गान
'देश नष्ट हो गया है अब कौन पढ़ेगा
मासिक पत्रिका मोहम्मदी में छपी मेरी कविताएँ
आनन्द बाज़ार पत्रिका से कहो मुझे भूल जाये'

पुरानी काट की एक नयी कविता

(वर्षा के वर्ष के जीवन के दुःख)

घिर आये ढेर के ढेर
भू छूते मेचक गडेर
सुन भीषण मेघ डम्बरी
फल गये धतूरे अदेर

बिल से निकले बिच्छू साँप
डसा कण्ठ पर नयन ढाँप
मरा तुरत; गया कवि काँप।
लाश दाह को रही टेर।

भाग रहे जन लेकर शव
यह उस गर्भवती का धव
जिसे होने को प्रसव। भव-
सागर में नौका डूबी।
जल में कैसे जले चिता?

दारिद्र और विद्या

(हमारे संस्कृत के गुरु बिन्दुमाधव मिश्र की बातें,
जिसे मैंने कविता में बाँध लिया है)

तम्बाकू निगल लिया हो भैया जैसे
अपना जीवन बस
ऐसे ही बीत गया।

साल दो साल जो और है
ऐसे ही निबट जायेंगे वह भी
दो जून का चून
लकड़ी-कपड़ा-तेल-नून
बख़त पर मिल गये
अपने लिए पर्व हो गया।

कितना कुछ करने को रह गया
जीवन जुटाने में ही लग गया
जीने के उपकरण
हज़ार किये खटकरम

कट गयी जैसी कटनी थी
तुम बताओ

क्या क्या पढ़ रहे हो?

उससे भी बढ़कर
लिख क्या रहे हो बन्धु
आजकल

और यह क्या
इतने दुबलाते क्यों जा रहे हो
काठ जैसे दिख रहे हैं हाथ

ज़रा दही-दूध पिया करो
घी खाओ
मैं तो नहीं हो पाया तुम्हारा
चक्रपाणि ब्रह्मचारी*
मगर तुम्हें मेरा महापण्डित ज़रूर बनना है।
बोलो बनोगे कि नहीं
हड्डियाँ अपनी मज़बूत करो
देखो कितनी भूमि कितना विस्तार
पड़ा है
जहाँ आदमी के पैरों की नहीं है छाप।

---

* चक्रपाणि ब्रह्मचारी—महापण्डित राहुल सांस्कृत्यायन की आत्मकथा 'मेरी जीवन यात्रा' के एक पात्र हैं।